道路与桥梁
工程施工技术研究

迟嘉陵　李竹有　林毕生◎主编

四川科学技术出版社

图书在版编目（CIP）数据

道路与桥梁工程施工技术研究/迟嘉陵，李竹有，

林毕生主编 . —— 成都：四川科学技术出版社，2024. 8.

ISBN 978-7-5727-1439-9

Ⅰ . U415；U445

中国国家版本馆 CIP 数据核字第 2024MW0881 号

道路与桥梁工程施工技术研究
DAOLU YU QIAOLIANG GONGCHENG SHIGONG JISHU YANJIU

主　　编　迟嘉陵　李竹有　林毕生

出 品 人　程佳月
责任编辑　朱　光
助理编辑　魏语鄢
选题策划　鄢孟君
封面设计　星辰创意
责任出版　欧晓春
出版发行　四川科学技术出版社
　　　　　成都市锦江区三色路 238 号 邮政编码 610023
　　　　　官方微博 http://weibo.com/sckjcbs
　　　　　官方微信公众号 sckjcbs
　　　　　传真 028-86361756
成品尺寸　170 mm×240 mm
印　　张　9.25
字　　数　185 千
印　　刷　三河市三河市嵩川印刷有限公司
版　　次　2024 年 8 月第 1 版
印　　次　2024 年 8 月第 1 次印刷
定　　价　60.00 元
ISBN 978-7-5727-1439-9
邮　　购：成都市锦江区三色路 238 号新华之星 A 座 25 层　邮政编码：610023
电　　话：028-86361770

随着我国经济的快速增长，人们的出行次数不断增加，对交通运输便利性的要求越来越高，道路与桥梁的建设也因此迅猛发展。

要保证道路与桥梁在施工过程中的质量，首先，施工建筑单位必须保证道路与桥梁施工中使用的原材料质量合格；其次，要保证施工建筑单位的技术与水平达标；最后，施工建筑单位要严格按照国家出台的相关法律法规与标准规范有效施工，严格控制好施工的质量与安全，建设质量合格的道路与桥梁基础设施，从而为我国的交通运输行业和经济发展保驾护航。

我国道路与桥梁工程的施工技术日益成熟，且随着科学技术的进步，越来越多的新设备被投入到道路与桥梁工程的施工中，促进了道路与桥梁施工技术的发展。道路与桥梁工程施工空间具有不确定性，影响因素较多，工程施工比较复杂，注意事项繁复，施工中需要投入大量的人力、财力、物力；同时，需要根据施工对象的特点和规模、地质水文气候条件、图纸、合同设备及材料供应情况等，充分做好施工准备，确定施工技术工艺、施工方法方案等，以确保技术经济效果，避免出现事故。这些现实情况对工程建设施工管理技术人员提出了较高的要求。基于此，笔者特别编写了本书。

本书结合我国道路与桥梁工程建设的特点，着重阐述施工技术，主要内容包括路基施工技术、路面施工技术、桥梁上部结构施工技术、桥梁下部结构施工技术。基于道路与桥梁工程施工技术理论和实践并重的特点，本书在编写时遵循理论联系实际的原则，以相关技术标准、规范为依据，可使读者系统地了解道路与桥梁工程施工技术的相关内容。本书内容翔实、涉及面广，融知识性与实践性于一体，旨在摸索出一条适合道路与桥梁工程施工技术的道路，帮助其工作者在施工中少走弯路，运用科学方法提高效率。本书对道路与桥梁工程施工技术的研究有一定的借鉴意义。

目　录

第一章　路基施工技术

路基是道路的主体和路面的基础，必须具有足够的强度和整体稳定性。路基的施工质量，直接影响路面的使用效果，因此，提高路基的强度和整体稳定性，保证路基的施工质量，是道路施工质量的关键。

第一节　一般路基施工

一、土质路堤施工

（一）施工取土

路基填方取土应根据设计要求，结合路基排水和当地土地规划、环境保护要求进行，不得任意挖取。施工取土应不占或少占良田，尽量利用荒坡、荒地，取土深度应结合地下水等因素考虑，以利于复耕。原地面耕植土应先集中存放，便于再用。

自行选定取土方案时，应符合下列技术要求：①地面横向坡度陡于1∶10时，取土坑应设在路堤上侧。②桥头两侧不宜设置取土坑。③取土坑与路基之间的距离，应满足路基边坡稳定的要求。取土坑与路基坡脚之间的护坡道应平整密实，表面设1%~2%向外倾斜的横坡。④取土坑兼作排水沟时，其底面宜高出附近水域的常水位或与永久排水系统及桥涵出水口的标高相适应，纵坡不宜小于0.2%，平坦地段不宜小于0.1%。⑤线外取土坑等与排水沟、鱼塘、水库等蓄水（排洪）设施连接时，应采取防冲刷、防污染的措施。

对取土造成的裸露面，应采取整治或防护措施。

（二）施工方法

路堤填筑是把填料用一定方式运送上堤，进行铺平、碾压密实的过程。路堤填筑的方法分为分层填筑法、竖向填筑法和混合填筑法三种。

1. 分层填筑法

路堤填筑根据不同的土质，从原地面逐层填起并分层压实，每层填土的厚度可按压实机具的有效压实深度和压实度确定。分层填筑法又可分为水平分层填筑和纵向分层填筑两种。

（1）水平分层填筑

填筑时按照横断面全宽分成水平层次，逐层向上填筑，若原地面不平，应由最低处分层填起，每填一层，经过压实符合规定要求之后，再填上一层，依此循环，直至达到设计高程。

（2）纵向分层填筑

此方法适用于用推土机从路堑取土填筑距离较短的路堤，依纵坡方向分层，逐层向上填筑，原地面纵坡大于12%的地段常采用此法。

2. 竖向填筑法

竖向填筑法指从路基一端或两端同时按横断面的全部高度，逐步推进填筑。此方法适用于无法自下而上填筑的深谷、陡坡、断岩、泥沼等机械无法进场的路堤。

竖向填筑因填土过厚，不易压实，故施工时要选用沉陷量较小、透水性较好及颗粒粒径均匀的砂石材料或附近开挖路堑的废石方，并一次填足路堤全宽度；选用振动式或夯击式压实机械；暂时不修建较高级的路面，容许短期内自然沉落。

3. 混合填筑法

在路堤下层竖向填筑，上层水平分层填筑，使上部填土经分层压实获得需要的压实度。此方法适用于因地形限制或填筑堤身较高，不宜采用水平分层法和竖向填筑法自始至终进行填筑的情况。在深谷陡坡地段填筑路堤，尽量采用混合填筑法。施工时可以单机作业，也可以多机作业，一般沿线路分段进行，每段间距以 20 ~ 40 m 为宜，多在地势平坦或两侧有可利用的山地土场的场合采用。

（三）施工要点

地基表层处理应符合下列规定：①二级及二级以上公路路堤基底的压实度应不小于90%；三、四级公路应不小于85%。路基填土高度小于路面和路床总厚度时，基底应按设计要求处理。②原地面坑、洞、穴等，应在清除沉积物后，用合格填料分层回填分层压实。③泉眼或露头地下水，应按设计要求，采取有效导排措施后方可填筑路堤。④地基为耕地、松散土、水稻田、湖塘、软土、高液限土等时，应按设计要求进行处理，对于局部软弱的部分应采取有效的处理措施。⑤地下水位较高时，应按设计要求进行处理。⑥陡坡地段、土石混合地基、填挖界面、高填方地基等都应按设计要求进行处理。

路堤填筑应符合下列规定：①性质不同的填料，应水平分层，分段填筑，分层压实。同一水平层路基的全宽应采用同一种填料，不得混合填筑。每种填料的填筑层压实后的连续厚度不宜小于500 mm；路床顶最后一层压实后的厚度应不小于100 mm。②潮湿或冻融敏感性小的填料应填筑在路基上层，强度较小的填料应填筑在下层。在有地下水的路段或临水路基范围内，填筑透水性好的填料。③在透水性不好的压实层上填筑透水性较好的填料前，应在其表面设2%～4%的双向横坡，并采取相应的防水措施。不得在由透水性较好的填料所填筑的路堤边坡上覆盖透水性不好的填料。④每种填料的松铺厚度应通过试验确定。⑤每一填筑层压实后的宽度不得小于设计宽度。⑥路堤填筑时，应从最低处起分层填筑，逐层压实；当原地面纵坡大于12%或横坡陡于1：5时，应按设计要求挖台阶，或设置坡度向内并大于4%、宽度大于2 m的台阶。⑦填方分几个作业段施工时，接头部位若不能交替填筑，则先填路段，按1：1坡度分层留台阶。若能交替填筑，则应分层相互交替搭接，搭接长度不小于2 m。

选择施工机械：应考虑工程特点、土石种类及数量、地形、填挖高度、运距、气候条件、工期等因素经济合理地确定。填方压实应配备专用碾压机具。

压实度检测应符合以下规定：①用灌砂法、灌水（水袋）法检测压实度时，取土样的底面位置为每一压实层底部；用环刀法试验时，环刀中部处于压实层厚的 1/2 深度；用核子仪试验时，应根据其类型，按说明书要求操作。②施工过程中，每一压实层均应检验压实度，检测频率为每 1 000 m² 至少检验 2 点，不足 1 000 m² 时检验 2 点，必要时可根据需要增加检验点。

二、填石路堤施工

（一）填料要求

路堤填料粒径应不大于 500 mm，并不宜超过层厚的 2/3，不均匀系数宜为 15～20 ；路床底面以下 400 mm 范围内，填料粒径应小于 150 mm；路床填料粒径应小于 100 mm。膨胀岩石、易溶性岩石不宜直接用于路堤填筑，强风化石料、崩解性岩石和盐化岩石不得直接用于路堤填筑。

（二）填筑方法

填石路堤的填筑施工方式有倾填（含抛填）和逐层填筑、分层压实两种。倾填又可分为石块从岩面爆破后直接散落在准备填筑的路堤内和用推土机将爆破后堆置在半路堑上的石块以及用自卸汽车从远处运来的爆破石块推入路堤两种情况。高速公路、一级公路和铺设高级路面的其他等级公路的填石路堤不宜采用倾填式施工，而应采用分层填筑、分层压实的方法。二级及二级以下且铺设低级路面的公路在陡峻山坡段施工特别困难或大量爆破以挖作填时，可采用倾填方式将石料填筑于路堤下部，但倾填路堤在路床底面下不小于 1.0 m 范围内仍应分层填筑压实。

采用分层填筑方式施工时，又可分为机械作业和人工作业两种。机械施工分层填筑时，高速公路及一级公路分层松铺厚度一般为 50 cm，其他公路为 100 cm。施工中应安排好石料运行路线，专人指挥，按水平分层，先低后高、先两侧后中央卸料。由于每层填筑厚度较大，故摊铺平整工作必须采用大型推土机进行，个别不平处应配合人工用细石块、石屑找平，若石块级配较差、粒径较大、填层较厚、石块间的空隙较大时，可于每层表面的空隙里扫入石渣、石屑、中砂、粗砂，再以压力水将砂冲入下部，反复数次，使空隙填满。人工摊铺、填筑填石路堤，当铺填粒径 25 cm 以上石料时，应先铺填大块石料，大面向下，小面向上，摆平放稳，再用小石块找平，石屑塞填，最后压实；铺填粒径 25 cm 以下石料时，可直接分层摊铺，分层碾压。

（三）施工要点

第一，基层处理时，其承载力应满足设计要求；在非岩石地基上，填筑填石路堤前，应按设计要求设过渡层。

第二，路堤施工前，应先修筑试验路段，确定满足孔隙率标准的松铺厚度、压实机械型号及组合、压实速度及压实遍数、沉降差等参数。

第三，路床施工前，应先修筑试验路段，确定能达到最大压实干密度的松铺厚度、压实机械型号及组合、压实速度及压实遍数、沉降差等参数。

第四，岩性相差较大的填料应分层或分段填筑，严禁将软质石料与硬质石料混合使用。

第五，中硬、硬质石料填筑路堤时，应进行边坡码砌。码砌边坡的石料强度、尺寸及码砌厚度应符合设计要求。边坡码砌与路基填筑宜基本同步进行。

第六，压实机械宜选用自重不小于 18 t 的振动压路机。

第七，在填石路堤顶面与细粒土填土层之间应按设计要求设过渡层。

（四）质量检验

第一，路堤应符合上、下路堤的压实质量标准。

第二，填石路堤施工过程中的每一压实层，可用试验路段确定的工艺流程和工艺参数，控制压实过程；用试验路段确定的沉降差指标检测压实质量。

第三，填石路堤填筑至设计标高并整修完成后，其施工质量应符合规定。

第四，填石路堤成型后的外观质量标准：路堤表面无明显孔洞；大粒径石料不松动，铁锹挖动困难；边坡码砌紧贴、密实，无明显孔洞、松动，砌块间承接面向内倾斜，坡面平顺。

三、土石路堤施工

土石路堤指石料含量占总质量 30% ~ 70% 的土石混合材料填筑的路堤。

（一）填料要求

膨胀岩石、易溶性岩石等不宜直接用于路堤填筑，崩解性岩石和盐化岩石等不得直接用于路堤填筑。天然土石混合填料中，中硬、硬质石料的最大粒径不得大于压实层厚的 2/3；石料最大粒径不得大于压实层厚。

（二）填筑方法

土石路堤不得采用倾填方法，只能采用分层填筑，分层压实。

当土石混合料中石料含量超过 70% 时，宜采用人工铺填，即先铺填大块石料，且大面向下，放置平衡，再铺小块石料、石渣或石屑嵌缝找平，然后碾压。当土石混合料中石料含量小于 70% 时，可用推土机将土石混合料铺填，每层铺填厚度应根据压实机械类型和规格确定，不宜超过 40 cm。用机械铺填时应注意避免硬质石块，特别是集中在一起的尺寸大的硬质石块。

（三）施工要点

第一，在陡、斜坡地段，土石路堤靠山一侧应按设计要求做好排水和防渗处理。

第二，压实机械宜选用自重不小于 18 t 的振动压路机。

第三，施工前应根据土石混合材料的类别分别进行试验路段施工，确定能达到最大压实干密度的松铺厚度、压实机械型号及组合、压实速度及压实遍数沉降差等参数。

第四，碾压前应使大粒径石料均匀分散在填料中，石料间孔隙应填充小粒径石料、土和石渣。

第五，压实后透水性差异大的土石混合材料，应分层或分段填筑，不宜纵向分幅填筑。若确须纵向分幅填筑，应将压实后渗水良好的土石混合材料填筑于路堤两侧。

第六，土石混合材料来自不同料场，其岩性或土石比例相差较大时，宜分层填筑或分段填筑。

第七，填料由土石混合材料变化为其他填料时，土石混合材料最后一层的压实厚度应小于 300 mm，该层填料最大粒径宜小于 150 mm，压实后，该层表面应无孔洞。

第八，中硬、硬质石料的土石路堤，应进行边坡码砌；码砌边坡的石料强度、尺寸及码砌厚度应符合设计要求。边坡码砌与路堤填筑宜基本同步进行。软质石料土石路堤的边坡按土质路堤边坡处理。

（四）质量检验

第一，中硬、硬质石料土石路堤在施工过程中的每一次压实层，可用试验路段确定的工艺流程和工艺参数，控制压实过程；用试验路段确定的沉降差指标，检测压实质量。路基成型后质量应符合规定。

第二，软质石料填筑的土石路堤应符合地基表层处理的规定。

第三，土石路堤的外观质量标准包括路基表面无明显孔洞；大粒径填石无松动，铁锹挖动困难；中硬、硬质石料土石路基边坡码砌紧贴、密实，无明显孔洞、松动，砌块间承接面应向内倾斜，坡面平顺。

第二节　特殊路基施工

一、软土路基施工

淤泥、淤泥质土以及天然强度低、压缩性高、透水性小的一般黏性土统称为软土。软土路基天然含水率不小于 35％或液限、天然孔隙比不小于 1.0；十字板抗剪强度小于 35 kPa；压缩系数宜大于 0.5 MPa^{-1}。

高速公路路基的软土定义：标准贯击数小于 4，无侧限抗压强度小于 50 kPa，含水量大于 50％的黏性土和标准贯击数小于 10，含水量大于 30％的砂性土。软土无论是按沉积成因还是按土质划分，它们都具有共同的工程性质，即颜色以深色为主，粒度成分以细颗粒为主，有机质含量高。天然含水量高，容重小，天然含水量大于液限，超过 30％；相对含水量大于10；软土的饱和度高达100%，甚至更大，天然重力密度为15 ~ 19 KN/m³。天然孔隙比大，一般大于1.0。渗透系数小，一般小于10^{-6} cm/s；沉降速度慢，固结完成所需时间较长。黏粒含量高，塑性指数大。高压缩性，压缩系数大，基础沉降量大，一般压缩系数大于0.5 MPa^{-1}。强度指标小，软土的粘聚力小于10 kPa，快剪内摩擦角小于5°。固结快剪粘聚力小于10 kPa，快剪内摩擦角小于5°。固结快剪的强度指标略高，粘聚力小于15 kPa，内摩擦角小于10°。软土的灵敏度高，灵敏度一般为2 ~ 10，有时大于10，具有显著的流变特性。软土路基应进行路基处理并观测路堤沉降，按图纸或经监理工程师批准的处理方法进行施工。

（一）软土路基处理方法

1. 换填法

换填法是将原路基一定深度和范围内的淤泥挖除，换填符合规定要求的材料，使之达到规定压实度的方法。换填时，应选用水稳性或透水性好的材料，分层铺筑，逐层压实。

2. 抛石挤淤法

抛石挤淤法是在路基底从中部向两侧抛投一定数量的碎石，将淤泥挤出路基范围，以提高路基强度。所用碎石宜采用不易风化的大石块，尺寸一般不小于0.15 m。抛石挤淤法施工简单、迅速、方便。适用于常年积水的洼地，排水困难，泥炭呈流动状态，厚度较薄，表层无硬壳，片石能沉达底部的泥沼，以及厚度为3 ~ 4 m的软土；适用于机械无法进入，或是表面存在大量积水无法排出的特别软的施工地面；适用于石料丰富、运距较短的情况。

3. 排水固结法

排水固结法包括堆载预压法、真空预压法、降水预压法、电渗排水法，适用于处理厚度较大的饱和软土和冲填土路基，但对于较厚的泥炭层要慎重选择。

4. 胶结法

（1）水泥搅拌桩

水泥搅拌桩的适用范围为淤泥、淤泥质土、含水量较高的地层、地基承载力不大于 120 kPa 的黏性土、粉土等软土路基。在有较厚泥炭土层的软土路基上，宜通过试验确定其适用性，并可适量添加磷石膏以提高搅拌桩桩身强度。当地下水中含有大量硫酸盐时，应选用抗硫酸盐硅酸盐水泥。冬期施工时，应注意负温。应注意十字板剪切强度（S_u，为 35 kPa）所对应的静力触探总贯入阻力（P_s，约为 750 kPa）对处理效果的影响。

（2）高压喷射注浆法

高压喷射注浆法的适用范围为淤泥、淤泥质土、黏性土、黄土、砂土、人工填土和碎石土等路基，尤其适用于软弱路基的加固。湿陷性黄土以及土中含有较多的大粒径块石、坚硬性黏性土、大量植物根茎或过多有机质时，应根据现场试验结果确定其适用程度。对地下水流速较大或涌水工程以及对水泥有严重侵蚀的路基应慎用。

（3）灌浆法

灌浆法适用于处理淤泥、淤泥质土、粉土和含水量较高且路基承载力标准值不大于 120 kPa 的黏性土等地基。当用于处理泥炭土或地下水具有侵蚀性时，宜通过试验以确定其适用性。

（4）水泥土夯实桩法

水泥土夯实桩法适用于地下水位以上的素填土、淤泥质土和粉土等。

5. 加筋土法

加筋土法适用范围为人工填土、砂土的路堤、挡墙、桥台等；土工织物适用于砂土、黏性土和软土的加固，或用于反滤、排水和隔离的材料；树根桩适用于各类土，主要用于既有建筑物的加固及稳定土坡、支挡结构物；锚固法能可靠地锚固土层和岩层。对软弱黏土宜通过重复高压灌浆或采用多段扩体或端头扩体以提高锚固段锚固力。对液限大于 50% 的黏性土，相对密度小于 0.3 的松散砂土以及有机质含量较高的土层，均不得作为永久性锚固地层。

6. 振冲置换法

振冲置换法适用于不排水抗剪强度 $20\ \text{kPa} \leqslant C_U \leqslant 50\ \text{kPa}$ 的饱和软黏土、饱和黄土及冲填土。对不排水剪切强度小于 $20\ \text{kPa}$ 的地基应慎重选择。此法能使天然路基承载力提高 $20\% \sim 60\%$。

7. 水泥粉煤灰碎石桩法

水泥粉煤灰碎石桩法（CFG 桩法）适用于淤泥、淤泥质土、杂填土、饱和及非饱和的黏性土、粉土，能使天然路基承载力提高 70% 以上。

8. 钢渣桩法

钢渣桩法适用于淤泥、淤泥质土、饱和及非饱和的黏性土、粉土。

9. 石灰桩法

石灰桩法适用于渗透系数适中的软黏土、杂填土、膨胀土、红黏土、湿陷性黄土，不适合地下水位以下的渗透系数较大的土层。当渗透系数较小时，软土脱水加固效果不好的土层慎用。

10. 强夯法

强夯法适用于碎石、砂土、杂填土、素填土、湿陷性黄土及低饱和度的粉土和黏性土。对于高饱和度的粉土和黏性土，须经试验论证后方可使用，且应设置竖向排水通道。该法处理深度可达十多米，但强夯的震动可能会对周围环境造成不良影响，因此，使用时要求考虑周围环境因素。

11. 强夯置换法

强夯置换法适用于饱和软黏土，一般适合进行 $3 \sim 6\ \text{m}$ 的浅层处理。

12. 砂桩法

砂桩法适用于软弱黏性土，但应慎用，且需要较长的时间，对不排水剪切强度小于 $15\ \text{kPa}$ 的软土应采用袋装砂井桩。

13. 夯坑基础法

夯坑基础法适用于软黏土、非饱和的黏性土、夯填土、湿陷性黄土。

14. 振冲法

振冲法是一种不添加砂石材料的振冲挤密法，一般宜用于 $0.75\ \text{mm}$ 以上颗粒占土体 20% 以上的砂土，而添加砂石材料的振冲挤密法宜用于粒径小于 $0.005\ \text{mm}$ 的黏粒含量不超过 10% 的粉土和砂土。

15. 挤密碎石桩法

挤密碎石桩法适用于松散的非饱和黏性土、杂填土、湿陷性黄土、疏松的沙性土。对饱和软黏土应慎重使用。

（二）软土路基施工方法

1. 抛石挤淤施工

抛石挤淤施工应按设计要求或监理工程师的要求进行，应选用不易风化的片石，片石厚度或直径不宜小于 300 mm。

当软土地层平坦，软土成流动状时，填土应沿路基中线向前呈三角形方式投放片石，再渐次向两侧全宽范围扩展，使泥沼或软土向两侧挤出。当软土地层横坡陡于 1∶10 时应自高侧向低侧抛投，并在低侧边部多抛填，使低侧边部约有 2 m 的平台。片石抛出软土面或抛出水面后，应用较小石块填塞垫平，用重型压路机压实。

2. 垫层施工

垫层施工通常用于松软、过湿的表面，采用排水、铺设填料或以掺合剂加固使地表层强度增加，防止地基局部剪切变形，从而保证重型机械通行，又使填土荷载均匀分布在地基上。

垫层材料宜采用无杂物的中粗砂，含泥量应不小于 5%；也可采用天然级配型砾料，其最大粒径应小于 50 mm，砾石强度应不低于四级。垫层应分层摊铺压实，碾压到规定的压实度。垫层宽度应宽出路基边脚 500 ~ 1 000 mm，两侧宜用片石护砌或采用其他方式防护。垫层采用砂砾料时，应避免粒料离析。在软、湿路基上铺以 0.3 ~ 0.5 m 厚度的排水层，有利于软湿表层的固结，并形成填土的底层排水，在一定程度上能提高地基强度，使施工机械可以通行。碎石、岩渣垫层的一般厚度为 0.4 m 左右，并铺设单层或双层土工织物或土工网格，有利于均匀支承填土荷载，提高地基承载力，减少地基的沉降量。掺合料垫层是利用掺合料（石灰、水泥、土、加固剂）以一定剂量混合在填料土中，可改变地基的压缩性和强度特性，从而保证施工机械的通行。垫层大部分松散，应进行大部分或全部防护。

3. 袋装砂井施工

袋装砂井施工工艺流程为：施工设备的准备→沉入套管→袋装砂沉入→就地填砂或井→预制砂袋沉放。

袋装砂浆的成孔方法可根据机械设备条件进行比较选择。专用的施工设备一般为导管式的振动打设机械，只是在进行方式上有差异。成孔的施工方法有五种，即锤击沉入法、射水法、压入法、钻孔法及振动贯入法。

施工要点：①中、粗砂中大于 0.6 mm 颗粒的含量宜占总质量的 50% 以上，含泥量小于 3%，渗透系数大于 5×10^{-2} mm/s。砂袋的渗透系数应不小于砂的渗透系数。②袋装砂井施工应符合以下规定：砂袋露天堆放时，应有遮盖，不得长时间暴晒；砂袋应垂直下井，不得扭结缩颈、断裂、磨损；拔钢套管时，若将砂袋带出或损坏，应在原孔位边缘重打；连续两次将砂袋带出时，应停止施工，查明原因并处理后方可施工；砂袋在孔口外的长度，应能顺直伸入砂垫层至少 300 mm。

4. 塑料排水板施工

（1）塑料排水板

芯板是由聚乙烯或聚丙烯加工而成的多孔管道或其他形式的板带，应具有足够的抗拉强度和垂直排水能力。其抗拉强度应不小于 130 cm；当周围土体压力在 15 m 深度范围内不大于 250 kPa 或在大于 15 m 范围不大于 350 kPa 的条件下，其排水能力应不低于 30 cm^3/s。芯板应具有耐腐性和足够的柔性，保证塑料排水板在地下的耐久性并在土体固结变形时不会被折断或破裂。

滤套一般由无纺织物制成，具有一定的隔离土颗粒和渗透功能，应等效于 0.025 mm 孔隙，其最小自由透水表面积宜为 1 500 cm^2/m，渗透系数应不小于 5×10^{-3} cm/s。

（2）施工机械

主要机具是插板机，基本上可与袋装砂井打设机具共用，只是将圆形套管换成矩形套管。对振动打设工艺、锤击振力大小，可根据每次打设根数、导管断面大小、入土长度和地基均匀程度确定。

（3）塑料排水板加固软土地基

施工工艺流程为：整平原地面→摊铺下层砂垫层→机具就位→塑料排水板穿靴→插入套管→拔出套管→割断塑料排水板→机具移位→摊铺上层砂垫层。

（4）施工质量要求

第一，施工现场堆放的塑料排水板盘带应加以适当覆盖，以防暴露在空气中老化。

第二，插入过程中导轨应垂直，钢套管不得弯曲，透水滤套不应被撕破和污染；排水板底部应有可靠的锚固措施，以免拔出套管时将芯板带出。

第三，塑料排水板留出孔口长度应保证深入砂垫层不小于 50 cm，使其与砂垫层贯通，并将其保护好，以防机械、车辆进出时受损，影响排水效果。

第四，塑料排水板搭接应采用滤套内平接的方法，芯板对扣，凹凸对齐，搭接长度不少于 20 cm；滤套包裹，用可靠措施固定。

第五，施工中防止泥土等杂物进入套管中，一旦发现须及时清除。

第六，塑料排水板施工允许偏差。

5. 碎石柱（砂桩）施工

材料要求：采用中、粗砂，大于 0.6 mm 颗粒含量宜占总重的 50%以上，含泥量应小于 3%，渗透系数大于 5×10^{-2} mm/s。也可使用砂砾混合料，含泥量应小于 5%。未风化碎石或砾石，粒径宜为 19 ~ 63 mm，含泥量应小于 10%。

成桩方法：若对砂桩质量要求较为严格或采用小直径管打大直径砂桩时，可以采用双管冲击法或单管振动重复压拔法成桩。

施工前应按规定要求进行成桩试验：详细记录冲孔、清孔、制桩时间和深度、水压、冲水量、压入碎石用量及工作电流的变化等。通过试桩确定水压、工作电流等变化的幅值和规律（主要指土层变化与水压、工作电流的相应变化），并验证设计参数和施工控制的有关参数，作为振冲碎石桩成桩的施工控制指标。

填料方式：采用"先护壁，后制桩"的办法施工。成孔时先达到软土层上部 1～2 m 范围内，将振冲器提出孔口加一批填料；下降振冲器使这批填料挤入孔壁，把这段孔壁加强以防塌孔；然后使振冲器下降至下一段软土中，用同样方法加料护壁。如此反复进行，直至达到设计深度。孔壁护好后，就可按常规步骤制桩了。

桩的施工：桩的施工顺序一般采用由里向外、由一边推向另一边，或间隙跳打的方式。

制桩操作步骤：先用振冲器成孔，然后借循环水清孔，再倒入填料，最后用振冲器沉至填料进行振实成型。

施工要点：①采用单管冲击法、一次打桩管成桩法或复打成桩法施工时，应使用饱和砂；采用双管冲击法、重复压拔法施工时，可使用含水量为 7%～9% 的砂；饱和土中施工可用天然湿砂。②面下 1～2 m 土层应超量投砂，通过压挤提高表层砂的密实程度。③成桩过程应连续。④实际灌砂量未达到设计用量时，应及时进行处理。

6. 加固土桩施工

材料要求：①生石灰粒径应小于 2.36 mm，无杂质，氧化镁和氧化钙总量应不小于 85%，其中氧化钙含量应不小于 80%。②粉煤灰中二氧化硅和三氧化二铝含量应大于 70%，烧失量应小于 10%。③水泥宜用普通水泥或矿渣水泥。

成桩试验：加固土桩施工前必须进行成桩试验，桩数不宜少于 5 根，且满足以下要求。①应取得满足设计喷入量的各种技术参数，如钻进速度、提升中速度、搅拌速度喷气压力、单位时间喷入量等。②应确定能保证胶结料与加固软土拌和均匀性的工艺。③掌握下钻和提升的阻力情况，选择合理的技术措施。④根据地层、地质情况确定复喷范围。

施工机械组合：应根据固化剂喷入的形态（浆液或粉体），采用不同的施工机械组合。

采用浆液固化剂时，制备好的浆液不得离析，不得停置过长。超过 2 h 的浆液应降低等级使用。浆液拌和均匀，不得有结块，供浆应连续。

采用粉体固化剂时，应符合以下规定：①严格控制喷粉标高和停粉标高，不得中断喷粉，确保桩体长度；严格控制喷粉时间、停粉时间和喷入量；应采取措施防止桩体上下喷粉不匀、下部剂量不足、上下部强度差异大等问题；应按设计要求的深度复搅。②当钻头提升到地面以下小于 500 mm 时，送灰器停止送灰，用同剂量的混合土回填。钻头直径的磨损得大于 10 mm。若喷粉量不足，应整桩复打，复打的喷粉量不小于设计用量。因故喷粉中断时，必须复打，复打重叠长度应大于 1 m。③施工设备必须配有自动记录的计量系统。

7.CFG 桩施工

材料要求：①集料。应根据施工方法，选择合理的集料：级配和最大粒径。②水泥。宜选用普通硅酸盐水泥。③粉煤灰。宜选用袋装Ⅱ、Ⅰ级粉煤灰。

成桩试验：施工前应进行成桩试验，试桩数量宜为 5 ~ 7 根。CFG桩试桩成功，经监理验收合格后，方可开始施工。

CFG 桩施工要求：①桩体施工应选择合理的施打顺序，一般应隔行隔桩跳打，相邻桩之间施工间隔时间应大于 7 d，避免对已成桩造成损害。②成桩过程中，应对已打桩的桩顶进行位移监测。③混合料应拌和均匀。在施工中，每台机械每天应做 1 组（3 块）试块（试块为边长150 mm 的立方体），经标准养生，测定其立方体抗压强度，应符合图纸规定。④ CFG 桩沉管时间宜短，拔管速度控制在 1.2 ~ 1.5 m/min，不允许反插，以防止桩缩颈、断桩及桩身强度不均。⑤桩顶设 500 mm 保护桩长，CFG 桩施工完成 7 d 后，开挖至设计高程，截去保护桩长。CFG桩施工完成 28 d 后，方可填筑路基。⑥冬季施工时混合料入孔温度不得低于 5℃，对桩头和桩间土应采取保温措施。

8.铺设土工合成材料

第一，土工合成材料的质量应符合设计要求及规范要求，在采用土工合成材料加筋的路堤填筑正式开工前，应结合工程先修筑试验路段，以指导施工。

第二，铺设土工合成材料应按图纸施工，在平整的下承层上全断面铺设，铺设时，土工织物应拉直平顺，紧贴下承层，不得扭曲、折皱。在斜坡上摊铺时，应保持一定松紧度。可采用插钉等措施固定土工合成材料于填土下承层表面。

第三，土工合成材料在铺设时，应将强度高的方向置于垂直于路堤轴线方向。

第四，应保证土工合成材料的整体性，当采用搭接法连接时，搭接长度宜为 300～600 mm；采用缝接法时，缝接宽度应不小于 50 mm；采用黏结法时，黏结宽度不应小于 50 mm，黏合强度应不低于土工合成材料的抗拉强度。

第五，铺设土工合成材料的土层表面应平整，严禁有碎、块石等坚硬凸出物；在距土工合成材料层 80 mm 以内的路堤填料，其最大粒径不得大于 60 mm。

第六，土工合成材料摊铺以后，应及时填筑填料，以避免其受到阳光过长时间的暴晒，一般情况下，间隔时间不应超过 48 h。填料应分层摊铺、分层碾压，所选填料及其压实度应符合规范的要求。与土工合成材料直接接触的填料中严禁含强酸性、强碱性物质。

第七，土工合成材料上的第一层填土摊铺宜采用轻型推土机或前置式装载机，一切车辆、施工机械只容许沿路堤的轴线方向行驶。

第八，对于软土地基，应采用后卸式货车沿加筋材料两侧边缘倾卸填料的方式，以形成运土的交通便道，并将土工合成材料张紧。填料不允许直接卸在土工合成材料上面，必须卸在已摊铺完毕的土面上；卸土高度以不大于 1 m 为宜，以免造成局部承载能力不足。卸土后应立即摊铺，以免出现局部下陷。

第九，填成施工便道后，再由两侧向中心平行于路堤中线对称填筑，第一层填料宜采用推土机或其他轻型压实机具进行压实；只有当已填筑压实的垫层厚度大于 600 mm 后，才能采用重型压实机械压实。

第十，双层土工合成材料上、下层接缝应交替错开，错开长度不应小于 500 mm。

第十一，施工过程中土工织物不应出现任何损坏，以保证工程质量。

二、黄土地区路基施工

（一）黄土路基的特点

湿陷性黄土一般呈黄色或黄褐色，粉土含量常占 60% 以上，含有大量的碳酸盐、硫酸盐等可溶盐类，天然孔隙比在 1 左右，肉眼可见大孔隙。在自重压力或自重压力与附加压力共同作用下，受水浸湿后土的结构迅速破坏而发生显著附加下沉。

（二）施工准备工作

在黄土地区路基施工时，应做好施工期排水，将水迅速引离路基。在填挖交界处引出边沟时，应做好出水口的加固，排水设施接缝处应坚固、不渗漏。

（三）湿陷性黄土地基的处理方法

湿陷性黄土地基应采取拦截、排除地表水的措施，防止地表水下渗，减少地基地层湿陷下沉。其地下排水构造物与地面排水沟渠必须采取防渗措施。

若地基土层有强湿陷性或较高的压缩性，且容许承载力低于路堤自重压力时，应考虑地基在路堤自重和活载作用下所产生的压缩下沉。除采用防止地表水下渗的措施外，可根据湿陷性黄土工程特性和工程要求，因地制宜，采取换填土、重槌夯实、强夯法、预浸法、挤密法、化学加固法等措施对地基进行处理。

（四）黄土填筑路堤要求

第一，路床填料不得使用老黄土，路堤填料不得含有粒径大于 100 mm 的块料。

第二，在填筑横跨沟堑的路基土方时，应做好纵横向界面的处理。

第三，黄土路堤边坡应拍实，并应及时予以防护，防止路表水冲刷。

第四，浸水路堤不得用黄土填筑。

（五）黄土路堑施工要求

第一，路堑路床土质应符合设计要求，密实度不足时，应采取措施碾压至要求的压实度。

第二，路堑施工前，应做好堑顶地表排水导流工程，路堑施工期间，开挖作业面应保持干燥。

第三，路堑施工中，若边坡地质与设计不符，可提出修改边坡坡度。

（六）地基陷穴处理方法

陷穴表面的防渗处理层厚度不宜小于 300 mm，并将流向陷穴的附近地表水引离。对现有的陷穴、暗穴，可以采用灌砂、灌浆、开挖回填等措施，开挖的方法可以采用导洞、竖井和明挖等。

挖方边坡坡顶以外 50 m 范围内、路堤坡脚以外 20 m 范围内的黄土陷穴宜进行处理。挖方边坡坡顶以外的陷穴，若倾向路基，应做适当处理。对串珠状陷穴应彻底进行处置。

三、滑坡地段路基施工

第一，处置滑坡时，应分析滑坡的外表地形、滑动面，滑坡体的构造、滑动体的土质及饱水情况，以了解滑坡体的形式和形成的原因，根据公路路基通过滑坡体的位置、水文、地质等条件，充分考虑路基稳定的施工措施。

第二，路基滑坡直接影响到公路路基稳定时，不论采用何种方法处理，都必须做好地表水及地下水的处理。

第三，对于滑坡顶面的地表水，应采取截水沟等措施处理，不让地表水流入滑动面内。必须在滑动面以外修筑 1～2 条截水沟，对于滑坡体下部的地下水源应截断或排出。

第四，在滑坡体未处置之前，禁止在滑坡体上增加荷载（如停放机械、堆放材料、弃土等）。

第五，对于挖方路基上边坡发生的滑坡，应修筑一条或数条环形水沟，但最近一条必须至少离开滑动裂缝面 5 m，以截断流向滑动面的水流。截水沟可采用砂浆封面浆或砌片（块）石修筑，滑坡上面出现裂缝须填土进行夯实，避免地表水继续渗入，或结合地形，修建树枝形及相互平行的渗水沟与支撑渗沟，将地表水及渗水迅速排走。

第六，当挖方路基上边坡发生的滑坡不大时，可采用（台阶）减重、打桩或修建挡土墙进行处理以达到路基边坡稳定，采用打桩时，桩身必须深入到滑动面以下设计要求的深度；采用修建挡土墙时，挡土墙基础必须置于滑动面以下的硬岩层上。同时，宜修统一排水沟、暗沟（或渗沟）排出地下水。滑坡较大时，可采用修建挡土墙、钢筋混凝土锚固桩或预应力锚索等方法处理，不论采用何种方法处理，其基础都必须置于滑动面以下的硬岩层上或达到设计要求的深度。同时宜修筑渗沟、排水涵洞（管）或集水井。

第七，对于填方路堤发生的滑坡，可采用反压土方或修建挡土墙等方法处理。

第八，沿河路基发生的滑坡，可修建河流调治构造物（如堤坝、丁坝、稳定河床等）及挡土墙等处理。

第九，滑坡表面处置可采用整平夯实山坡、填筑积水坑、堵塞裂隙或进行山坡绿化固定表土。

四、岩溶地区路基施工

以地下水为主、地表水为辅，以化学过程（溶解和沉淀）为主、机械过程（流水侵蚀和沉积、重力崩塌和堆积）为辅的石灰岩等可溶性岩石的破坏和改造作用称为岩溶作用。岩溶作用所造成的地表形态和地下形态称为岩溶地貌，岩溶作用及其产生的特殊地貌形态和水文地质现象统称为岩溶。

（一）岩溶地区公路路基工程的主要病害

第一，由于地下岩溶水的活动，或因地面水的消水洞穴阻塞，导致路基基底冒水、水淹路基、水冲路基以及隧道冒水、冒泥等病害。

第二，由于地下岩溶洞穴顶板的坍塌，引起位于其上的路基及其附属构造物发生坍陷、下沉或开裂。

第三，由于溶沟、溶槽、石芽等的存在造成地基不稳定，影响路基及其构筑物的稳定性或安全问题。

因此，在岩溶地区建造公路，应全面了解路线通过地带岩溶发育的程度和岩溶形态的空间分布规律，以便充分利用某些可以利用的岩溶形态，避让或防治影响路基稳定的岩溶病害。

（二）岩溶形态及岩溶类型

岩溶地区岩溶的形态类型有很多：如石芽和溶沟（槽）、溶蚀裂隙、漏斗、溶蚀洼地、坡立谷和溶蚀平原、溶蚀残丘、孤峰和峰林、槽谷、落水洞、竖井、溶洞、暗河、天生桥、岩溶湖、岩溶泉以及土洞等。比较常见的岩溶形态有以下几种。

1. 漏斗

漏斗是常见的地表岩溶形态之一，由地表层的溶蚀和侵蚀作用伴随塌陷作用而成，呈碟状或倒锥状，平面上呈圆形或椭圆形，直径和深度一般为数米至数十米。

2. 溶蚀洼地

溶蚀洼地由许多相邻的漏斗经流水溶蚀不断扩大汇合而成。溶蚀洼地平面上呈圆形或椭圆形，但规模比漏斗更大，直径由数百米至一两千米。溶蚀洼地周围有溶蚀残丘或峰丛峰林，底部常有落水洞和漏斗。

3. 坡立谷和溶蚀平原

溶蚀洼地充分发育，相邻的洼地彼此连通，发展成坡立谷。坡立谷长度、宽度从几十米至数千米不等，四周山坡陡峻，谷底宽平，覆盖着溶蚀残余的黄色、棕色或红色的黏性土，有时还有河流冲积层。常有河流纵贯坡立谷，河水从一端流入，于另一端被落水洞吸收，转入地下，形成暗河。有些坡立谷还耸立着孤峰。坡立谷进一步发展，即形成开阔宽广的溶蚀平原，溶蚀平原上还可有许多其他岩溶形态。

4. 槽谷

槽谷是岩溶山区比较常见的一种长条形的槽状谷地，谷底平坦，谷坡陡峻，主要是由水流长期溶蚀而形成。由于河谷底部发育有一系列漏斗、落水洞等，地表水流不断漏失，使原来的河谷失去排水作用，即成干谷。槽谷在大部分时间是干涸的，但在暴雨季节和排水不畅时，则会出现暂时的水流。

5. 落水洞和竖井

落水洞和竖井多由岩石裂隙经流水长期溶蚀扩大或由岩层坍陷而成，呈垂直状或稍倾斜状，下部多与溶洞或暗河连通，是地表通向地下的流水通道。在广西所见到的，直径多在 10 m 以下，深度多在 10 ~ 30 m。落水洞常产生在漏斗、槽谷、溶蚀洼地和坡立谷的底部或河床的边缘，多呈串珠状分布。在雨季，由于落水洞排水不畅，常使槽谷、溶蚀洼地和坡立谷产生暂时性的积水，甚至发生淹水现象。

6. 溶洞

溶洞是一种近于水平方向发育的岩溶形态，常由溶水对岩层的长期溶蚀和塌陷作用而形成，是早期岩溶水活动的通道。规模较大的水平溶洞系统，主要是在岩溶水的水平循环带中产生的。溶洞系统比较复杂，规模、形态变化很大，除少部分洞身比较顺直、断面比较规则外，大部分是忽高忽低，忽宽忽窄，洞身曲折起伏很大。洞内普遍分布各种堆积物，有时还有河流流痕及砂砾、卵石冲积物，支洞多，常有丰富的岩溶水。

7. 暗河和天生桥

暗河是地下岩溶水汇集、排泄的主要通道，在岩溶发育地区，地下大部分都有暗河存在。其中部分暗河常与地面的槽谷伴随存在，通过槽谷底部的一系列漏斗、落水洞使两者互相连通。因此，可以根据这些地表岩溶形态的分布位置，概略地估计暗河在地下的发展方向。地下的暗河河道或溶洞塌陷，在局部地段有时会形成横跨水流的天生桥。

8. 岩溶泉

岩溶水流出地面即成岩溶泉。它是岩溶发育地区分布最广泛的一种岩溶现象，其中以下降泉居多，上升泉则较少。岩溶泉有经常性和间歇性之分。间歇性泉旱季干涸，雨季流水。当暗河流向非岩溶地区时，在可溶岩层与非可溶岩层接触带的边缘，经常是岩溶泉发育最好的地方。

9. 岩溶湖

由于槽谷、溶蚀洼地、坡立谷中的大型强斗底部的消水通道堵塞，或溶蚀平原局部洼地集水而成的湖泊。在溶洞中也常有小型的地下岩溶湖存在。

10. 土洞

在槽谷、坡立谷底部和溶蚀平原上，可溶性岩层常被第四纪的松散土层覆盖，由于地下水位降低或水动力条件的改变，在岩溶水的淋滤、潜蚀、搬运作用下，使上部土层下落，流失或坍塌，形成大小不一、形态不同的土洞。如广西、贵州等地土层覆盖的岩溶地区（即埋藏岩溶地区），由于人为抽水、排水引起地下水位的变动，常形成土洞，直接危害路基的稳定。

（三）岩溶路基施工技术要点

岩溶地区路基常见病害主要表现为地下水位高而侵蚀路基路面，导致土基软化，路面开裂；暴雨时节冲垮路基，路床地面以下潜伏洞穴而产生凹陷。一般公路受造价的制约，当地往往又缺乏路基用土，故而采用矮路堤。矮路堤所固有的排水不畅、地基强度不足等病源在此得到充分暴露。因此，岩溶地区地基处理的措施是排水、填洞、跨越、利用。

岩溶地下水应因势利导，采用疏导、排除、降低地下水位的方法，消除对路床软化的影响，保证路基处于干燥或中湿状态。所有冒水的溶洞在施工中均不能堵塞水的出路。一般的做法是在与地下水道相连的漏斗、消水洞处一律修建涵洞。疏导建筑物一般可采用明沟、泄水洞、渗沟、涵洞等。

五、冻土地区路基施工

（一）多年冻土地区路基施工

1.冻土的定义及特征

凡温度为零及以下并含有冰的各种土均称为冻土。温度在零度以下不含冰的土（岩）则称为寒土。冬季冻结、夏季全部融化的土层称为季节冻结层，季节冻结层又称季节作用层、活动层。冬季冻结，一两年内不融化的土层称为隔年冻层。冻结状态持续3年以上的土层称为多年冻土。

季节冻土地区的表层土夏季融化，冬季冻结，因此称为季节冻结层。根据其与下伏多年冻土的关系，又可分为季节冻结层和季节融化层。其中，季节冻结层夏季融化，冬季冻结时不与多年冻土层衔接或其下为融土层，季节融化层冬季冻结时与多年冻土完全衔接。

（1）多年冻土上限、下限及冻土厚度

在多年冻土地区，地表以下超过一定深度的土终年处于冻结状态，称为多年冻土。这一深度称为季节融化层底板或多年冻土上限。从地表到达这一深度的距离即为季节融化层厚度或多年冻土上限的埋深。

多年冻土层的底部称作多年冻土下限。下限处的地温值为0℃。下限以上为多年冻土，以下为融土。上限和下限之间的距离称为多年冻土厚度。

多年冻土厚度是多年冻土的重要标志之一，它反映着冻土的发育程度；冻土层的厚度对评价建筑物地基稳定性有着重要意义，是进行各类型建筑地层基础设计不可缺少的依据。薄的多年冻土层厚度在 10 m 以下，最厚的多年冻土在大、小兴安岭，其厚度可超过 100 m。

（2）多年冻土分类

多年冻土按照含冰量分类，可分为少冰冻土、多冰冻土、富冰冻土、饱冰冻土和含土冰层五类。

（3）多年冻土上限的类别及用途

多年冻土上限有天然上限和人为上限两种。天然状态的多年冻土，上限为其天然上限。因受人类活动影响改变了地温与气温的热交换条件，破坏了天然条件下的热平衡状态，导致多年冻土上限发生变化，变化后的多年冻土上限即为人为上限。

人为多年冻土上限决定了多年冻土融化下沉计算的下部界限；而天然上限往往是厚层地下冰的埋藏深度。在建筑物地基的融沉计算中应包括融沉和压密下沉两部分。

2. 冻土地区的不良地质现象

多年冻土地区的不良地质对公路建设会产生多种病害。因此，有必要了解冻土地区不良地质现象的形成和发展，以便采取预防措施。多年冻土地区之所以会形成不良地质现象，在于多年冻土地区不仅气候严寒，而且还有多年冻土层作为底板使地表水的下渗和多年冻土层上水的活动受到约束，这是冻土地区不良地质现象发生和存在的基本条件。多年冻土地区的不良地质现象主要有冰丘、冰锥、地下冰和冻土沼泽等。

3. 冻土地区公路路基的主要病害

（1）融沉

融沉多发生在含冰量大的黏质土地段。当路基基底的多年冻土上部或路堑边坡上分布有较厚的地下冰层时，由于地下冰层埋藏较浅，在施工及使用过程中，因原来的自然环境条件发生变化，使多年冻土局部融化，上覆土层在土体自重力及外力的作用下产生沉陷，造成路基变形。融沉主要表现为路堤向阳侧路肩及边坡开裂、下滑，路堑边坡溜坍等。

融沉发生路段的路基一般以较慢的速度下沉，但有时也会经过一段时间的慢速下沉后，突发大量的沉陷，并使两侧部分地基土隆起。产生的原因是路基基底由于含冰量大的黏质土融化后处于过饱和状态，几乎没有承载能力，又因路堤两侧融化深度不同，使得基底形成一个倾斜的冻结滑动面。在外荷载的作用下，过饱和的黏质土顺着冻结面挤出，路堤瞬间产生大幅度的沉陷，通常称为突陷。突陷会危及行车的安全。

（2）冻胀

冻胀多发生在季节性冻结深度较大的地区及多年冻土地区，以多年冻土地区较严重。其原因是地基土及填土中的水冻结时体积膨胀。水分的来源是地表水或地下水对路基土的浸湿。冻胀的程度与土质及土中的含水量高低有关。

（3）冰害

冰害主要指在路堤上方出露地表的泉水，或开挖路堑后地下水自边坡流出，在隆冬季节随流随冻，形成积冰掩埋路基或边坡挂冰、堑内积冰等病害。冰害在寒冷的多年冻土地区尤为严重。对路基工程来说，路堑地段较路堤地段冰害发生概率更大，发生在浅层地下水发育的低填浅挖及零填挖地段的冰害危害程度更大。

（二）季节性冻融翻浆地区路基施工

季节性冻融地区的路基在冰冻过程中，土中的水分不断地向上移动，使路基上部的水分含量大大增加。春融期间，由于土基含水量过多，强度急剧降低，再加上行车的作用，路面会发生裂缝、鼓包、冒泥等现象，形成翻浆。主要发生在中国北方各省及南方的季节性冰冻地区。

翻浆不仅会破坏路面，妨碍行车，严重的还会中断交通。因此，在翻浆地区修筑公路，尤其是对水文及水文地质不良的地段，要详细调查沿线地表水、地下水、路基土和筑路材料的情况，以便采取相应的处理措施。应从设计与施工两个方面综合考虑，防止翻浆的发生。

1. 防治翻浆的工程措施

（1）做好路基排水，提高路基

施工前应根据设计文件对翻浆地段进行现场详细调查，按水文、地质情况，规划好线程的场地排水工作。施工中要准备好排水设施，防止地表水或地下水侵入路基，使路基土体保持干燥，从而减轻冻结时水分聚流的来源，这是预防和处理地表水类和地下水类翻浆的首要措施。

提高路基，增大路基边缘至地下水或地面水位间的距离，使路基上部土层保持干燥，在冻结过程中不致因过分聚冰而失去稳定，是一种效果显著、简便易行、比较经济的常用措施，主要适用于取土方便的地段。在路线穿过农田地段，为了少占农田，则应与路面结构综合考虑，以确定合理的填土高度。

在有些中、重冰冻地区及粉性土地段，亦不能单靠提高路基保证道路的稳定性，要与其他措施配合应用。若在路堤填土高度受限制时，可在底槽做 1% ~ 3% 的横坡，上铺 15 ~ 30 cm 厚的砂垫层（砂的质量以不含粉砂和杂质泥土的粗砂为宜，不宜用细砂）进行处理。

（2）铺设隔离层

隔离层设在路基中一定深度（一般设在土基 80 cm 左右）处，其目的在于防止水分进入路基上部，从而保持上部土基干燥，防止翻浆发生。隔离层按使用材料可分为透水性隔离层及不透水性隔离层两类。

透水性隔离层一般由碎石、砾石或细砂等做成，铺在聚冰层之下，其厚度为 10 ~ 20 cm，并在其上、下面反铺草皮，防止隔离层被淤塞。隔离层的底部应高出地表水面 25 cm 以上，并向路基两侧做 3% 的横坡排水。

不透水隔离层可用两层油毡中间涂沥青铺成，也可在压实整平的土基上直接喷洒一层厚度为 0.2 ~ 0.5 cm 的沥青或渣油（用油量为 2 ~ 3 kg/m^2）；或在土基上铺筑 8% ~ 10% 的沥青土或 6% ~ 8% 的沥青砂（厚 2.5 ~ 3 cm）；还可以在土基上直接铺塑料薄膜等。施工中严防石块及其他尖物刺穿不透水隔离层。

隔离层在应用中应注意两点：①不透水隔离层适用于不透水路面的路基中，在透水路面下只能设透水隔离层。②在盐渍土地区的翻浆路段，隔离层深度应同时考虑防止盐胀和次生盐渍化等现象发生。

（3）设路基盲沟

横向盲沟：公路纵坡大于 3% 的翻浆路段，当中级路基（岔道、辅道等）基层采用透水性材料时，为了及时排出透水层内的纵向水流和春融期土基化冻时的多余水分，可在路槽下设置横向盲沟。横向盲沟可设置为人字形，纵向间距 10 m 左右，深度 20 ~ 40 cm。横向盲沟易淤塞，使用中应予注意，若发生淤塞应及时处理。

渗沟：为了降低路基附近的地下水位，可采用有管渗沟。为了拦截并排除流向路基的层间水，可采用排水渗沟。

2. 季节性冻融翻浆路基施工要点

（1）排水

在施工前应认真了解地形及水文地质情况，凡是可能危害路基强度稳定性的地表水和地下水，均应采取有效的临时性或永久性措施，使水能迅速排出路基之外。路床面应保持良好的排水状态。从路堑到路堤必须修建过渡边沟并无阻塞现象。各层填土应有路拱，表面无积水。施工后，各式沟、管、井等能形成完整有效的排水系统。

（2）路堤

原地面处理：水文地质不良和湿软地段，可视情况在地表铺填厚度不小于 30 cm 的砂砾，或做局部挖除换填处理。当路堤高度低于 20 cm 时（包括挖方土质路段）应翻松 30 ~ 50 cm 并分层整形压实，其压实度为 93% ~ 95%，高速公路、一级公路取高限，其他公路取低限。

填料：宜选用水稳性良好的土填筑路基。路基上部受冰冻影响部位，应选用水稳性和冻稳性均较好的粗粒土。冻土、非渗水性过湿土、腐殖土禁止用于填筑各层路堤。压实时的含水量应控制在最佳含水量 ±2% 范围内。

取土场：宜设置集中取土场，排水困难地段更宜集中取土。

碾压：各层表面碾压前应用平地机进行整平和修整路拱，切实控制松铺厚度以及填料的均匀性。压实后各层表面的平整度，用 3 m 直尺测量，其间隙高度不宜大于 20 mm，成形后路床顶面应进行弯沉检查或用不小于 20 t 的压路机碾压检验有无软弹现象。

路堤高度：应满足路基能全年处于干燥或中湿状态。填筑低路堤时，应根据具体情况采取相应技术措施。

此外，为使路基预拱度和稳定性满足设计要求，可综合选用施工中各类冻融翻浆防治方法。

（3）路堑

石方段超挖回填部位应选用符合要求的石渣压实度不得低于95%，禁止使用劣质开山料或覆盖土回填或找平。超挖部分不规则或超挖不超过8 cm时，可用混凝土修补找平。整平层宜采用级配碎石或水泥稳定碎石、二灰稳定碎石类等半刚性材料。

土质路或遇水崩解软化的风化泥质页岩等类路堑的路床压实度若不符合规定要求时，应翻松压实或根据土质情况，换填符合路床强度并满足压实度要求的足够厚度的好土，然后加强排水措施，如封闭路肩、浆砌边沟等。

存在裂隙水、层间水、潜水层、泉眼等的路段，应分别采取切断、拦截、降低等措施，如加深边沟和设置渗沟、渗管、渗井等。

第三节　路基季节性施工

一、路基雨期施工技术

（一）雨期施工地段的选择

第一，雨期路基施工地段一般应选择丘陵和山岭地区的砂类土、碎砾石、岩石地段和路堑的弃方地段。

第二，重黏土、膨胀土及盐渍土地段不宜在雨期施工；平原地区排水困难，不宜安排雨期施工。

（二）雨期施工前的准备工作

第一，对选择的雨期施工地段进行详细的现场调查研究，据实编制实施雨期施工组织计划。

第二，应修建施工便道，并保持其晴雨畅通。

第三，住地、库房、车辆机具停放场地、生产设施都应设在最高洪水位以上地点或高地上，并应远离泥石流沟槽冲积堆一定的安全距离。

第四，应修建临时排水设施，保证雨期作业的场地不被洪水淹没并能及时排除地面积水。

第五，应储备足够的工程材料和生活物资。

（三）雨期填筑路堤

第一，雨期路堤施工地段除施工车辆外，应严格控制其他车辆在施工场地通行。

第二，在填筑路堤前，应在填方坡脚以外挖掘排水沟。保持场地不积水。若原地面松软，应采取换填措施。

第三，应选用透水性好的碎（卵）石土砂砾、石方碎渣和砂类土作为填料。利用挖方土做填方时应随挖随填及时压实。含水量过大无法晾干的土不得用作雨期施工填料。

第四，路堤应分层填筑。每一层的表面，应做成 2% ~ 4%的排水横坡。当天填筑的土层应当天完成压实。

第五，雨期填筑路堤需借土时，取土坑距离填方坡脚不宜小于 3 m。平原区路基纵向取土时，取土坑深度一般不宜大于 1 m。

（四）雨期开挖路堑

第一，土质路堑开挖前，在路堑边坡坡顶 2 m 以外开挖截水沟并接通出水口。

第二，开挖土质路堑宜分层开挖，每挖一层均应设置排水纵横坡。挖方边坡不宜一次挖到设计标高，应沿坡面留 30 cm 厚，待雨期过后整修到设计坡度。以挖作填的挖方应随挖随运随填。

第三，土质路堑挖至设计标高以上 30 ~ 50 cm 时应停止开挖，并在两侧挖排水沟。待雨期过后挖到路床设计标高后再压实。

第四，土的强度低于规定值时应按设计要求进行处理。

第五，雨期开挖岩石路堑，炮眼应尽量水平设置。边坡应按设计坡度自上而下层层刷坡，坡度应符合设计要求。

二、路基冬期施工技术

（一）冬期施工

第一，在反复冻融地区，昼夜平均温度在 –3℃以下，且持续 10 d 以上时，进行路基施工称为路基冬期施工。

第二，当昼夜平均温度上升到 –3℃以上，但冻土未完全融化时，亦应按路基冬期施工要求进行施工。

（二）路基施工可冬期进行的工程项目

第一，泥沼地带河湖冻结到一定深度后，若需换土时可趁冻结期挖去原地面的软土、淤泥层换填合格的其他填料。

第二，含水量高的流动土质、流沙地段的路堑可利用冻结期开挖。

第三，河滩地段可利用冬期水位低，开挖基坑修建防护工程，但应采取加温保温措施，注意养护。

第四，岩石地段的路堑或半填半挖地段，可进行开挖作业。

（三）路基工程不宜冬期施工的项目

第一，高速公路、一级公路的土路基和地质不良地区的二级以下公路路堤。

第二，铲除原地面的草皮、挖掘填方地段的台阶。

第三，整修路基边坡。

第四，在河滩低洼地带将被水淹的填土路堤。

（四）路基冬期施工前应进行的准备工作

第一，对冬期施工项目按次排序，编制实施性的施工组织计划。

第二，冬期施工项目在冰冻前应进行现场放样，保护好控制桩并树立明显的标志，防止被冰雪掩埋。

第三，冰冻前应挖好坡地上填方的台阶，清除石方挖方的表面覆盖层、裸露岩体。

第四，维修保养冬期施工需用的车辆机具设备，充分备足冬期施工期间的工程材料。

第五，准备施工队伍的生活设施、取暖照明设备、燃料和其他越冬所需的物资。

（五）冬期填筑路堤

第一，冬期施工的路堤填料，应选用未冻结的砂类土，碎、卵石土，开挖石方的石块石渣等透水性良好的土。

第二，冬期填筑路堤，应按横断面全宽平填，每层松厚应按正常施工减少 20%～30% 且最大松铺厚度不得超过 30 cm，压实度不得低于正常施工时的要求。当天填的土必须当天完成碾压。

第三，当路堤高距路床底面 1 m 时，应碾压密实后停止填筑。

第四，挖填方交界处，填土低于 1 m 的路堤都不应在冬期填筑。

第五，冬期施工取土坑应远离填方坡脚。若条件限制需在路堤附近取土时，取土坑内侧到填方坡脚的距离应不得小于正常施工护坡道的 1.5 倍。

第六，冬期填筑的路堤，每层每侧应按设计和施工技术规范规定超填并压实。待冬期后修整边坡削去多余部分并拍打密实或加固。

（六）冬期施工开挖路堑表层冻土的方法

1. 爆破冻土法

当冰冻深度达 1 m 以上时可用此法炸开冻土层。炮眼深度取冻土深度的 0.75～0.90 倍，炮眼间距取冰冻深度的 1.0～1.3 倍并按梅花形交错布置。

2. 机械破冻法

当冰冻深度在 1 m 以下时可选用专用破冻机械，如冻土犁、冻土锯和冻土铲等，予以破碎清除。

3. 人工破冻法

当冰冻层较薄，破冻面积不大时，可用日光暴晒法、火烧法、热水开冻法、水针开冻法、蒸汽放热解冻法和电热法等方法胀开或融化冰冻层，并辅以人工撬挖。

（七）冬期开挖路堑

第一，当冻土层被开挖到未冻土后，应连续作业，分层开挖，中间停顿时间较长时，应在表面覆雪保温，避免重复被冻。

第二，挖方边坡不应一次挖到设计线，应预留 30 cm 厚台阶，待到正常施工季节再削去预留台阶，整理达到设计边坡。

第三，路堑挖至路床面以上 1 m 时，挖好临时排水沟后，应停止开挖并在表面覆以雪或松土，待到正常施工时，再挖去其余部分。

第四，冬期开挖路堑必须从上向下开挖，严禁从下向上掏空挖"神仙土"。

第五，每日开工时先挖向阳处，气温回升后再挖背阴处，若开挖时遇地下水源，应及时挖沟排水。

第六，冬期施工开挖路堑的弃土要远离路堑边坡坡顶堆放。弃土堆高度一般不应大于 3 m，弃土堆坡脚到路堑边坡顶的距离一般不得小于 3 m，深路堑或松软地带应保持 5 m 以上。弃土堆应摊开整平，严禁把弃土堆于路堑边坡顶上。

第四节　路基防护与支挡

一、路基防护工程类型和适用条件

（一）路基防护工程类型

路基防护工程是防治路基病害、保证路基稳定、改善环境景观、保护生态平衡的重要设施。其类型可分为以下两种。

1. 边坡坡面防护

主要是保护路基边坡表面，免受雨水冲刷，减缓温差及温度变化的影响，防止和延缓软弱岩土表面的风化碎裂、剥蚀演变进程，从而保护路基边坡的整体稳定性，在一定程度上还可美化路容，协调自然环境。植物防护：种草、铺草皮、植树。工程防护（矿料防护）：框格防护封面、护面墙、干砌片石护坡、浆砌片石护坡、浆砌预制块护坡、锚杆钢丝网喷浆喷射混凝土护坡。

2. 沿河河堤河岸冲刷防护

（1）直接防护

直接防护包括植物、砌石、石笼、挡土墙等。

（2）间接防护

间接防护包括丁坝、顺坝等调治构造物以及改河营造护林带。

（二）各种防护工程适用条件

1. 植物防护

（1）种草防护

种草防护适用于边坡稳定，坡面受雨水冲刷轻微且易于草类生长的路堤与路堑边坡。选用根系发达、叶茎低矮、多年生长且适宜于当地土壤和气候条件的草种，植于 40 cm（无熟土时，表土厚度 ≥ 20 cm）表土层。播种方法有撒播法、喷播法和行播法。当前推广使用的两种新方法是湿式喷播技术和客土喷播技术。

（2）铺草皮

铺草皮的防护方法适用于需要迅速绿化的土质边坡。草皮护坡铺置形式有平铺式、叠铺式、方格式和卵（片）石方格式四种。

（3）植灌木

常与种草、铺草皮等方法配合使用，可使坡面形成良好的防护层，适用于土质边坡和膨胀土边坡，但对盐渍土经常浸水、经常干旱的边坡及粉质土边坡不宜采用。灌木宜植于 1 : 1.5 或更缓的边坡上或在堤岸边的河滩上，用以降低流速，促使泥沙淤积。

2. 工程防护

（1）框格防护

框格防护适用于土质或风化岩石边坡：框格防护可采用混凝土、浆砌片（块）石、卵（砾）石等做骨架，框格内宜采用植物防护或其他辅助防护措施。

（2）封面

封面包括抹面、捶面、喷浆、喷射混凝土等防护形式：①抹面防护适用于易风化的软质岩石挖方边坡，岩石表面比较完整，尚无剥落。②捶面防护适用于易受雨水冲刷的土质边坡和易风化的岩石边坡。③喷浆和喷射混凝土防护适用于边坡易风化、裂隙和节理发育、坡面不平整的岩石挖方边坡。

（3）护面墙

护面墙用于封闭各种软质岩层和较破碎的挖方边坡以及坡面易受侵蚀的土质边坡。用护面墙防护的挖方边坡不宜陡于 1∶0.5，并应符合极限稳定边坡的要求。护面墙分为实体、窗孔式、拱式等类型，应根据边坡地质条件合理选用。

（3）石砌护坡

石砌护坡可分为干砌片石护坡和浆砌片石护坡。干砌片石护坡适用于易受水流侵蚀的土质边坡、严重剥落的软质岩石边坡、周期性浸水及受水流冲刷较轻（流速小于 2 ～ 4 m/s）的河岸或水库岸坡的坡面防护。浆砌片石护坡适用于防护流速较大（3 ～ 6 m/s）、波浪作用较强，有流水、漂浮物等撞击的边坡。对过分潮湿或冻害严重的土质边坡应先采取排水措施再行铺筑。

（4）浆砌预制块防护

适用于石料缺乏地区，预制块的混凝土强度不应低于 C15，在严寒地区不应低于 C20。

（5）锚杆钢丝网喷浆或喷射混凝土护坡

适用于直面为碎裂结构的硬岩或层状结构的不连续地层以及坡面岩石与基岩分离并有可能下滑的挖方边坡。施工简便，效果较好。

3. 土工织物防护

（1）挂网式坡面防护

挂网式坡面防护适用于风化碎落较严重的岩石边坡。沿边坡悬挂的土工网能截住落石，引导其进入边沟或其他可控制地区。落石直径较大，边坡倾角大于 40° 时不宜使用。

（2）土工织物复合植被防护

土工织物复合植被防护综合了土工织物和植被两类防护的优点，其典型形式是三维土工网（垫）植草防护，主要适用于边坡坡度缓于1∶1，边坡高度小于3 m的土质边坡。

（3）其他土工织物防护

草坪植生带适用于破碎或易风化破碎的岩石路堑边坡的锚杆挂高强塑料网格喷浆（喷射混凝土）以及土工织物做反滤层的护坡。

（三）路基冲刷防护工程技术

1. 直接防护

路堤冲刷主要由于洪水急流，水位变迁不定，水流速度较大（3.0 m/s或以上）时，植树与石砌防护失效，可采用以下直接防护措施。

（1）抛石

用于经常浸水且水深较大的路基边坡或坡脚以及挡土墙、护坡的基础防护。抛石一般多用于抢修工程。

（2）石笼

沿河路堤坡脚或河岸，当受水流冲刷和风浪侵袭且防护工程基础不易处理或沿河挡土墙、护坡基础局部冲刷深度过大时，可采用石笼防护。

钢丝石笼：多用于抢修或临时工程，不得用于急流滚石河段，必要时对钢丝笼灌注小石子水泥混凝土。钢丝石笼一般可容许流速4～5 m/s的水流冲刷。

钢筋混凝土框架石笼：可用于急流滚石河段。

2. 间接防护

（1）护坝

当沿河路基挡土墙、护坡的局部冲刷深度过大，导致深基础施工不便时，宜采用护坝防护基础。

（2）丁坝

适用于宽浅变迁河段，用以挑流或减低流速，减轻水流对河岸或路基的冲刷。

（3）顺坝

顺坝适用于河床断面较窄、基础地质条件较差的河岸或沿河路基的防护，调整流水曲线度和改善流态。

（4）改移河道

沿河路基受水流冲刷严重或防护工程艰巨以及路线在短距离内多次跨越弯曲河道时可改移河道。对主河槽改动频繁的变迁性河流或支流较多的河段不宜改河。

二、加固工程的功能与类型划分

（一）路基加固工程的功能与类型

路基加固工程的主要功能是支撑天然边坡或人工边坡以保持土体稳定或加强路基强度和稳定性，以及防护边坡在水温变化条件下免遭破坏。按路基加固的不同部位分为：坡面防护加固、边坡支挡、湿弱地基加固三种类型。

1. 坡面防护加固

路基防护中均有加固作用。

2. 边坡支挡

边坡支挡包括路基边坡支挡和堤岸支挡。

（1）路基边坡支挡

护肩墙、护坡护面墙、护脚墙、挡土墙。

（2）堤岸支挡

驳岸、浸水墙、石笼、抛石、护坡、支垛护脚。

3. 湿弱地基加固

碾压密实、排水固结、挤密化学固结、换填土。

（二）常用路基加固工程技术

1. 重力式挡土墙工程技术

重力式挡土墙依靠圬工墙体的自重抵抗墙后土体的侧向推力（土压力），以维持土体的稳定，是我国目前最常用的一种挡土墙形式，多用浆砌片（块）石砌筑。缺乏石料地区，可用混凝土预制块作为砌体，也可直接用混凝土浇筑，一般不配钢筋或只在局部范围配置少量钢筋。这种挡土墙形式简单、施工方便，可就地取材，适应性强，因而应用广泛。缺点是墙身截面大，圬工数量也大，在软弱地基上修建往往受到承载力的限制，墙高不宜过高。重力式挡土墙墙背形式可分为俯斜、仰斜、垂直、凸折式和衡重式五种。

（1）俯斜墙背

俯斜墙背所受土压力较大，其墙身截面较仰斜墙背的大，通常在地面横坡陡峻时，借助陡直的墙面，俯斜墙背可做成台阶形，以增加墙背与填土间的摩擦力。

（2）仰斜墙背

仰斜墙背所受的土压力较小，用于路堑墙时，墙背与开挖面边坡较贴合，因而开挖量和回填量均较小，但墙后填土不易压实，不便施工。适用于路堑墙及墙趾处地面平坦的路肩墙或路堤墙。

（3）垂直墙背

垂直墙背介于仰斜墙背和俯斜墙背之间。

（4）凸折式墙背

凸折式墙背由仰斜墙背演变而来，上部俯斜，下部仰斜，以减小上部截面尺寸，多用于路堑墙，也可用于路肩墙。

（5）衡重式墙背

衡重式墙背在上下墙间设有衡重台，利用衡重台上填土的重量使全墙重心后移，增加了墙身的稳定。因采用陡直的墙面且下墙采用仰斜墙背，因而可以减小墙身高度，减少开挖工作量。适用于山区地形陡峻处的路肩墙和路堤墙，也可用于路堑墙。由于衡重台以上有较大的容纳空间，上墙墙背加缓冲墙后，可作为拦截崩坠石之用。

2. 加筋土挡土墙工程技术

加筋土挡土墙是在土中加入拉筋，利用拉筋与土之间的摩擦作用，改善土体的变形条件和提高土体的工程特性，从而达到稳定土体的目的。加筋土挡土墙由填料、在填料中布置的拉筋以及墙面板三部分组成。一般应用于地形较为平坦且宽敞的填方路段上，在挖方路段或地形陡峭的山坡，由于不利于布置拉筋，一般不宜使用。

　　加筋土是柔性结构物，能够适应地基轻微的变形，填土引起的地基变形对加筋土挡土墙的稳定性影响比对其他结构物小，地基的处理也较简便；其是一种很好的抗震结构物；节约占地，造型美观；造价比较低，具有良好的经济效益。

　　加筋土挡土墙施工简便快速，并且节省劳力和缩短工期，一般包括下列工序：基槽（坑）开挖、地基处理、排水设施、基础浇（砌）筑、构件预制与安装、筋带铺设、填料填筑与压实、墙顶封闭等，其中现场墙面板拼装、筋带铺设、填料填筑与压实等工序是交叉进行的。

　　3. 锚杆挡土墙工程技术

　　（1）特点及使用条件

　　锚杆挡土墙是利用锚杆技术形成的一种挡土结构物。锚杆一端与工程结构物连接，另一端通过钻孔、插入锚杆、灌浆、养护等工序锚固在稳定的地层中，以承受土压力对结构物所施加的推力，从而利用锚杆与地层间的锚固力来维持结构物的稳定。

　　锚杆挡土墙的优点：①结构重量轻，节约大量的圬工和节省工程投资；②利于挡土墙的机械化、装配化施工，提高劳动生产率；③少量开挖基坑，克服不良地基开挖的困难，利于施工安全。

　　锚杆挡土墙的缺点：施工工艺要求较高，要有钻孔、灌浆等配套的专用机械设备且要耗用一定的钢材。

　　锚杆挡土墙适用于缺乏石料的地区和挖基困难的地段，一般用于岩质路堑路段，但其他具有锚固条件的路堑墙也可使用，还可应用于陡坡路堤。壁板式锚杆挡土墙多用于岩石边坡防护。

　　（2）锚杆挡土墙的类型

　　锚杆挡土墙由于锚固地层、施工方法、受力状态以及结构形式等的不同，有各种各样的形式。按墙面的结构形式可分为柱板式锚杆挡土墙和壁板式锚杆挡土墙。

　　柱板式锚杆挡土墙：由挡土板、肋柱和锚杆组成，肋柱是挡土板的支座，锚杆是肋柱的支座，墙后的侧向土压力作用于挡土板上，并通过挡土板传给肋柱，再由肋柱传给锚杆，由锚杆与周围地层之间的锚固力，即锚杆抗拔力使之平衡，以维持墙身及墙后土体的稳定。

壁板式锚杆挡土墙：由墙面板（壁面板）和锚杆组成，墙面板直接与锚杆连接，并以锚杆为支撑，土压力通过墙面板传给锚杆，后者则依靠锚杆与周围地层之间的锚固力（即抗拔力）抵抗土压力，以维持挡土墙的平衡与稳定。

（3）锚杆挡土墙施工工序

锚杆挡土墙施工工序主要有：基坑开挖、基础浇（砌）筑、锚杆制作、钻孔、锚杆安放与注浆锚固、肋柱和挡土板预制、肋柱安装、挡土板安装、墙后填料填筑与压实等。

第五节　路基排水设施施工

一、路基地下水排水设置与施工要求

（一）排水沟、暗沟

1. 设置

当地下水位较高，潜水层埋藏不深时，可采用排水沟或暗沟截流地下水及降低地下水位，沟底宜埋入不透水层内。沟壁最下一排渗水孔（或裂缝）的底部宜高出沟底不小于 0.2 m。排水沟或暗沟设在路基旁侧时，宜沿路线方向布置，设在低洼地带或天然沟谷处时，宜顺山坡的沟谷走向布置。排水沟可兼排地表水，在寒冷地区不宜用于排除地下水。

2. 施工要求

排水沟或暗沟采用混凝土浇筑或浆砌片石砌筑时，应在沟壁与含水量地层接触面的高度处，设置一排或多排向沟中倾斜的渗水孔。沟壁外侧应填以粗粒透水材料或土工合成材料做反滤层。沿沟槽每隔 10 ~ 15 m 或当沟槽通过软硬岩层分界处时应设置伸缩缝或沉降缝。

（二）渗沟

1. 分类及组成

为降低地下水位或拦截地下水，可在地面以下设置渗沟。渗沟有填石渗沟、管式渗沟和洞式渗沟三种形式，三种渗沟均应设置排水层（或管、洞）、反滤层和封闭层。

2. 施工要求

（1）填石渗沟的施工要求

填石渗沟通常为矩形或梯形，在渗沟的底部和中间用较大碎石或卵石（粒径 3 ~ 5 cm）填筑，在碎石或卵石的两侧和上部，按一定比例分层（层厚约 15 cm），填较细颗粒的粒料（中砂、粗砂、砾石），做成反滤层，逐层的粒径比例，由下至上大致按 4∶1 逐层递减。砂石料颗粒小于 0.15 mm 的含量不应大于 5%。用土工合成材料包裹有孔的硬塑管时，管四周填以大于塑管孔径的等粒径碎、砾石，组成渗沟。顶部做封闭层，用双层反铺草皮或其他材料（如土工合成的防渗材料）铺成，并在其上夯填厚度不小于 0.5 m 的黏土防水层。

（2）管式渗沟的施工要求

管式渗沟适用于地下水引水较长、流量较大的地区。当管式渗沟长 100 ~ 300 m 时，其末端宜设横向泄水管分段排除地下水。管式渗沟的泄水管可用陶瓷、混凝土、石棉、水泥或塑料等材料制成，管壁应设泄水孔，交错布置，间距不宜大于 20 cm。渗沟的高度应使填料的顶面高于原地下水位。沟底垫层材料一般采用干砌片石；若沟底深入到不透水层时宜采用浆砌片石、混凝土或土工合成的防水材料。

（3）洞式渗沟的施工要求

洞式渗沟适用于地下水流量较大的地段，洞壁宜采用浆砌片石砌筑洞顶应用盖板覆盖，盖板之间应留有空隙，使地下水流入洞内，洞式渗沟的高度要求同管式渗沟。

（三）渗井

1. 设置

当路基附近的地面水或浅层地下水无法排除，影响路基稳定时，可设置渗井，将地面水或地下水经渗井通过下透水层中的钻孔流入下层透水层中排除。

2. 施工要求

渗井直径 50 ~ 60 cm，井内填置材料按层次在下层透水范围内填碎石或卵石，上层不透水层范围内填砂或砾石，填充料应采用筛洗过的不同粒径的材料，应层次分明，不得粗细材料混杂填塞，井壁和填充料之间应设反滤层。

渗井与路堤坡脚的距离不应小于 10 m，渗水井顶部四周（进口部除外）用黏土筑堤围护，井顶应加筑混凝土盖，严防渗井淤塞。

（四）检查井

1. 设置

为检查维修渗沟，宜每隔 30 ~ 50 m 或在平面转折和坡度由陡变缓处设置检查井。

2. 施工要求

检查井一般采用圆形，内径不小于 1.0 m，在井壁处的渗沟底应高出井底 0.3 ~ 0.4 m，井底铺一层厚 0.1 ~ 0.2 m 的混凝土。井基若遇不良土质，应采取换填、夯实等措施。兼起渗井作用的检查井的井壁，应在含水层范围设置渗水孔和反滤层。深度大于 20 m 的检查井，除设置检查梯外，还应设置安全设备。井口顶部应高出附近地面 0.3 ~ 0.5 m，并设井盖。

二、路基地面排水设置与施工要求

（一）边沟

1. 设置

挖方地段和填土高度小于边沟深度的填方地段均应设置边沟。路堤靠山一侧的坡脚应设置不渗水的边沟。为了防止边沟漫溢或冲刷，在平原区和重丘山岭区，边沟应分段设置出水口，多雨地区梯形边沟每段长度不宜超过 300 m，三角形边沟不宜超过 200 m。

2. 施工要求

平曲线处边沟施工时，沟底纵坡应与曲线前后沟底纵坡平顺衔接，不允许曲线内侧有积水或外溢现象发生。曲线外侧边沟应适当加深，其增加值等于超高值。

边沟加固：①土质地段当沟底纵坡大于3%时应采取加固措施；②采用干砌片石对边沟进行铺砌时，应选用有平整面的片石，各砌缝要用小石子嵌紧；③采用浆砌片石铺砌时，砌缝砂浆应饱满，沟身不漏水；④若沟底采用抹面时，抹面应平整压光。

（二）截水沟

1. 设置

在无弃土堆的情况下，截水沟的边缘离开挖方路基坡顶的距离视土质而定，以不影响边坡稳定为原则。若为一般土质至少应离开5 m，对黄土地区不应小于10 m并应进行防渗加固。截水沟挖出的土，可在路堑与截水沟之间修成土台并夯实，台顶应筑成2%倾向截水沟的横坡。

路基上方有弃土堆时，截水沟应离开弃土堆脚1～5 m，弃土堆坡脚离开路基挖方坡顶不应小于10 m，弃土堆顶部应设2%倾向截水沟的横坡。

山坡上路堤的截水沟离开路堤坡脚至少2.0 m，并用挖截水沟的土填在路堤与截水沟之间，修筑向沟倾斜坡度为2%的护坡道或土台，使路堤内侧地面水流入截水沟排出。

2. 施工要求

截水沟长度超过500 m时，应选择适当的地点设出水口，将水引至山坡侧的自然沟中或桥涵进水口，截水沟必须有牢靠的出水口，必要时须设置排水沟、跌水或急流槽。截水沟的出水口必须与其他排水设施平顺衔接。为防止水流下渗和冲刷，截水沟应进行严密的防渗和加固，地质不良地段和土质松软、透水性较大或裂隙较多的岩石路段，对沟底纵坡较大的土质截水沟及截水沟的出水口，均应采用加固措施防止渗漏和冲刷沟壁。

（三）排水沟

排水沟的施工应符合下列规定。

第一，排水沟的线形要求平顺，尽可能采用直线形，转弯处宜做成弧线，其半径不宜小于10 m，排水沟长度根据实际需要而定，通常不宜超过 500 m。

第二，排水沟沿路线布设时，应离路基尽可能远一些，距路基坡脚不宜小于 3 ~ 4 m。大于沟底、沟壁土的容许冲刷流速时，应采取边沟表面加固措施。

（四）跌水与急流槽

跌水与急流槽的施工应符合下列规定。

第一，跌水与急流槽必须用浆砌圬工结构，跌水的台阶高度可根据地形地质等条件决定，多级台阶的各级高度可以不同，其高度与长度之比应与原地面坡度相适应。

第二，急流槽的纵坡不宜超过 1：1.5，同时应与天然地面坡度相配合。当急流槽较长时，槽底可用几个纵坡，一般是上段较陡，向下逐渐放缓。

第三，当急流槽很长时，应分段砌筑，每段不宜超过 10 m，接头用防水材料填塞，密实无空隙。

第四，急流槽应使自然水流与涵洞进、出口之间形成一个过渡段，基础应嵌入地面以下，基底要求砌筑抗滑平台并设置端护墙。

第五，路堤边坡急流槽应能为水流入排水沟提供一个顺畅通道，路缘石开口及流水进入路堤边坡急流槽的过渡段应连接圆顺。

（五）拦水缘石

拦水缘石的施工应符合下列规定。

第一，为避免高路堤边坡被路面水冲毁，可在路肩上设拦水缘石，将水流拦截至挖方边沟或在适当地点设急流槽引离路基，与高路堤急流槽连接处应设喇叭口。

第二，拦水缘石必须按设计安置就位。

第三，设拦水缘石路段的路肩宜适当加固。

（六）蒸发池

蒸发池的施工应符合下列规定。

第一，用取土坑作蒸发池时与路基坡脚间的距离不应小于 5 ~

10 m。面积较大的蒸发池与路堤坡脚的距离不得小于 20 m，坑内水面应低于路基边缘至少 0.6 m。

第二，坑底部应做成两侧边缘向中部倾斜 0.5% 的横坡。取土坑出入口应与所连接的排水沟或排水通道平顺连接。当出口为天然沟谷时，应妥善导入沟谷内，不得形成漫流，必要时应对蒸发池予以加固。

第三，蒸发池的容量不宜超过 200 ~ 300 m³，蓄水深度不应大于 1.5 ~ 2.0 m。池周围可用土埂围护，防止其他水流入池中。

第四，蒸发池的设置不应使附近地区泥沼化及影响当地环境卫生。

第二章 路面施工技术

路面是用各种材料或混合料分层修筑在路基顶面供车辆行驶的层状结构物，直接经受车辆荷载与自然因素的综合作用，因此，路面的性能应能满足车辆行驶安全、迅速、舒适等要求。

路面施工是保证路面使用寿命的重要环节之一。路面结构组合设计、材料设计和厚度设计为路面使用寿命的延长提供了技术保障，而路面施工也是落实这些技术的最后环节。一是路面施工要进行合理的施工组织设计；二是路面设计单位、施工管理单位、施工监理单位与施工单位之间必须协调配合，各司其职，做到精心设计、认真施工、严格管理。在路面施工过程中必须层层把关、严格要求，路面施工工艺和施工质量，直接影响公路的行车安全和运营效益，是道路整体服务水平的关键。

第一节 路面基层施工技术

在路面结构中，位于路面面层之下的主要承重层称为基层。铺筑在基层下的次要承重层称为底基层。基层承受由面层传递来的车辆荷载的垂直应力作用，并抵御自然因素的影响，是构成路面整体结构的主要组成部分。基层根据组成材料和使用性能的不同，可分为有结合料稳定类（有机结合料稳定类和无机结合料稳定类）基层和无结合料粒料类基层。

一、路面基层的分类

（一）有结合料稳定类基层

1. 有机结合料稳定类基层

有机结合料稳定类基层所用材料包括热拌沥青碎石或乳化沥青碎石混合料、沥青贯入式碎石等。

2. 无机结合料稳定类基层

无机结合料稳定类基层主要包括以下几种。

（1）水泥稳定类基层

所用材料包括水泥稳定砂砾、砂砾土、碎石土、未筛分碎石、石屑、土，以及经加工性能稳定的钢渣、矿渣等。

（2）石灰稳定类基层

所用材料包括石灰稳定土（石灰土）、天然砂砾土、天然碎石土，以及石灰土稳定级配砂砾、级配碎石和矿渣等。

（3）综合稳定类基层

所用材料包括石灰粉煤灰类，如石灰粉煤灰、二灰土、二灰砂砾、二灰碎石、二灰矿渣等；石灰煤矿渣，如石灰煤渣、石灰煤渣土、石灰煤渣碎石、石灰煤渣砂砾等。

（二）无结合料粒料类基层

1. 嵌锁型基层

所用材料包括泥结碎石、泥灰结碎石、填隙碎石等。

2. 级配型基层

所用材料包括级配碎石、级配砾石、符合级配的天然砂砾，以及部分砾石经轧制掺配而成的级配砾石、碎石等。

二、半刚性基层施工

（一）半刚性基层的概念和特点

半刚性基层指在基层材料中掺入一定比例的石灰、水泥、粉煤灰或其他工业废渣等结合料，加水拌和形成混合料，经摊铺、压实及养护后形成的路面基层。与传统的柔性路面基层（级配碎石、级配砾石、填隙碎石等）相比，半刚性基层具有较高的强度、刚度，良好的板体性、水稳性，以及一定的抗冻性，可以大幅提高路面的承载力。

20世纪中叶以来，半刚性基层在国内外被广泛应用，特别是理化、力学性能优越的水泥稳定粒料与石灰、粉煤灰稳定粒料（通常称为二灰稳定粒料）基层被广泛用作高等级公路路面的基层与底基层。因其强度大、承载力高，可以适应较薄的沥青面层，而适当减薄沥青面层厚度，具有重要的现实意义与经济意义。半刚性基层以其强度高、原材料来源广、修建成本低等优势，成为我国道路建设中的主导路面基层类型。但是半刚性基层材料组成设计指标、材料结构单一，致使所设计的基层抗裂、抗冲刷能力不足，影响了其应用效果。

（二）半刚性基层施工工艺

1.路拌法施工（以石灰稳定土为例）

（1）准备下承层

当石灰稳定土用于基层时，要准备底基层；当石灰稳定土用于底基层时，要准备土基。对土基必须用12～15 t的三轮压路机或等效的碾压机械进行碾压并检验。在碾压过程中若发现土过干、表层松散的情况，应适当洒水；若土过湿，发生"弹簧"现象，应采用挖开晾晒、换土、掺石灰或水泥等措施进行处理；在槽式断面的路段，两侧路肩上每隔一定距离（如5～10 cm）应交错开挖泄水沟（或盲沟）。

（2）施工放样

在底基层、旧路面或土基上恢复中线；直线段每15～20 m设一个桩，平曲线段每10～15 m设一个桩，并在两侧路肩边缘外设指示桩；进行水平测量；在两侧指示桩上用明显标记标出水泥稳定土层边缘的设计高程。

（3）备料

根据灰土层的宽度、厚度及最大干密度，计算出需要的干燥土数量；再根据土的含水量和所用运料车辆的吨位，计算每车料的堆放距离和每平方米灰土需要的石灰量，确定石灰堆放的纵横间距；按照松铺厚度将土摊铺均匀，以利于机械化施工；铺土后，先用推土机大致推平，然后用平地机整平，清余补缺，保证厚度一致，表面平整。

（4）洒水闷料

若已经整平的土含水量过低，则需要在土层上洒水闷料；需要注意的是，洒水要均匀，杜绝出现局部水分过多的现象，严禁洒水车在洒水段内停留和掉头。

（5）堆放和摊铺石灰

按计算所得的每车石灰的纵横间距，用石灰在土层上做标记，同时画出摊铺石灰的边线；用刮板将石灰均匀摊开，石灰摊铺完后，表面应没有空白位置。测量石灰的松铺厚度，根据石灰的含水量和松密度，校核石灰用量是否合适。

（6）拌和与洒水

对于二级及二级以上公路，使用生石灰粉时，宜先用平地机将石灰翻到土层中间，注意不能翻到底部；对于三、四级公路的石灰稳定细粒土和中粒土，在没有专用拌和机械的情况下，可用农用旋转耕作机与多铧犁或平地机相配合拌和四遍；采用石灰稳定级配碎石或砂砾时，应先将石灰和需添加的黏性土拌和均匀，然后均匀地摊铺在级配碎石或砂砾层上，再一起进行拌和；采用石灰稳定塑性指数大的黏土时，应拌和两次，第一次加70%~100%预定剂量的石灰进行拌和，闷放1~2d，此后补足石灰（若第一次加足石灰，此时不用再添加），进行第二次拌和。

（7）整形与碾压

混合料拌和均匀后应立即用平地机初平。一般在直线段，由两侧向路中心刮平；在曲线段，由内侧向外侧刮平。然后用轮胎压路机、轮胎拖拉机或平地机快速碾压。不平整的地方用齿耙把表面5cm耙松，必要时，用新拌的混合料找平，再进行碾压。每次整平碾压，均需按要求调整坡度和路拱。为避免出现薄层贴补现象，在总厚度满足要求的情况下，摊铺时宁高勿低，整平时宁刮勿补。

（8）接缝和掉头处的处理

两个工作段之间需要采用对接的形式进行搭接。在上一部分拌和之后，留下5~8m的距离不进行碾压。当进行下一路段的施工时，再与上一段没有碾压的部分共同进行拌和。需要注意的是，在实际施工过程中，由于工作需要，拌和机械常常需要掉头，但是已压成的石灰稳定土层上不允许拌和机械掉头。其他拌和机械的掉头位置需要采取必要的保护措施，例如，在石灰稳定土层上面覆盖厚 10 cm 左右的砂或砂砾等，以保证石灰稳定土层的表面不被机械破坏。在石灰稳定土层的施工过程中，需要避免纵向接缝的出现，若必须分两幅施工，需要确保纵缝之间不出现斜接的情况。

2. 厂拌法施工（以水泥稳定土为例）

（1）准备工作

向驻场监理单位报送基层开工报告单，经同意后方可进行基层施工；土基、垫层、底基层及其中埋设的各种沟、管等隐蔽构造物，必须经自检合格，报请驻场监理单位检验、签字认可后，方可铺筑其上面的基层；各种材料进场前，应检查其规格和品质，不符合技术要求的不得进场；材料进场时，应检查其数量，并按施工平面图堆放，而且应按规定项目对其进行抽样检查，抽样检查结果报驻场监理单位；水泥稳定土基层施工前应铺筑试验段。

（2）施工放样

恢复中心线，每隔 10 m 设标桩，桩上画出基层设计高程和基层松铺厚度。中心线两侧按照路面设计图设计标桩，在标桩上画出基层设计高程和基层松铺厚度，这样做的目的是使基层的高度、厚度和平整度达到标准。

（3）拌和与摊铺

拌和时应按混合料配合比要求准确配料，使集料级配、结合料剂量等符合设计要求，并根据原材料实际含水量及时调整拌和机内的加水量。水泥稳定土混合料的含水量可比最佳含水量大 1% ~ 2%，这样可获得较好的压实效果。拌和好的水泥稳定类混合料应尽快运到施工现场摊铺并碾压成型，以免因时间过长而使混合料强度损失过大。运输混合料的距离较长时，应用篷布等覆盖混合料，以免水分损失过大。

（4）整形碾压

在整形施工过程中，平土机是常用的施工机械之一。除使用机械之外，还可以直接人工整形。但需要注意的是，高速公路施工作业一般使用机械进行整平；在初步整平的阶段，使用轻型的机械快速碾压路面，进而暴露潜在的不平整位置。一般情况下，整形要进行 1 次或 2 次；路面局部地区可能会出现低洼处，则需要使用齿耙把低洼路面表层 5 cm 耙松，再使用新拌的混合料进行找补、整平；在整形工序进行过程中，路面不能有任何车辆通过；在整形工作完成以后，使用大于 12 t 的三轮压路机、重型轮胎压路机或振动压路机碾压。

（5）接缝处理

横向接缝处理：要使用摊铺机摊铺混合料，混合料摊铺是个连续的过程，不能被中断，若有特殊情况造成摊铺作业中断 2 h 以上，再次施工时应该设置横向接缝，并且摊铺机要远离混合料的末端。

纵向接缝处理：在施工过程中，应该尽量避免出现纵向接缝，若由于某些原因必须设置纵向接缝，则纵向接缝必须垂直，并且采取措施进行科学处理。

（6）养护及交通管制

养护期间应采取洒水保湿措施，在铺筑上层之前，至少养护 7 d，养护方法根据情况可采用洒水、覆盖砂等方法。未采取覆盖措施时，应封闭交通。覆盖砂或喷洒沥青膜养护，不能封闭交通时，应限制车速不得超过 30 km/h。养护结束，应立即施工上层，以免产生收缩裂缝；或先铺封层，开放交通；待基层充分开裂后，再施工上层，以减少反射裂缝。

三、粒料类基层施工

（一）级配碎（砾）石基层施工

1. 准备下承层

级配碎（砾）石基层采用路拌法施工的下承层表面应保持平整，具有规定的路拱，平整度和压实度应符合规范规定。需要注意的是，下承层断面不宜做成槽式。

2. 测量放样

应该按照规范的规定逐个断面检查下承层的标高。

3. 备料

计算材料用量，根据各路段基层或底基层的宽度、厚度及规定的压实干密度，并按确定的配合比，分别计算各路段需要的未筛分碎石和石屑的数量或不同粒级碎石和石屑的数量，并计算每车料的堆放距离。

未筛分碎石的含水量宜比最佳含水量大 1%左右。未筛分的碎石和石屑可按预定配合比在料场混合，同时洒水加湿，使混合料的含水量超过最佳含水量约 1%。

4. 运输与摊铺

集料装车时，应控制每车料的数量基本相等。在由同一料场供料的路段内，宜由远到近卸置集料。卸料距离应严格掌握，避免料不够或过多。未筛分的碎石和石屑分别运送时，应先运送碎石。

应事先通过试验确定集料的松铺系数并确定松铺厚度。用人工摊铺混合料时，其松铺系数为 1.40 ~ 1.50；用平地机摊铺混合料时，其松铺系数为 1.25 ~ 1.35。用平地机或其他合适的机具将混合料均匀地摊铺在预定的宽度上，表面力求平整，并具有规定的路拱。同时，应摊铺路肩用料。

5. 拌和及成型

施工时根据拟定的混合料配合比、基层宽度与厚度及预定达到的干密度等计算确定各规格集料的用量，以先粗后细的顺序将集料分层平铺在下承层上，然后用人工或平地机进行摊平；级配碎（砾）石混合料可用稳定土拌和机、自动平地机、多铧犁与缺口圆盘耙相配合拌和，拌和应均匀，避免出现集料离析现象，确保级配碎（砾）石基层具有良好的整体强度。应边拌和边洒水，使混合料达到最佳含水量。表面整理成规定的路拱横坡，随后用拖拉机、平地机或轮胎压路机在初平的混合料上快速碾压 1 遍或 2 遍，使潜在的不平整部位暴露出来，再用平地机整平。

6. 碾压

整形后，当混合料的含水量等于或略大于最佳含水量时，采用振动压路机或轮胎压路机进行碾压。在直线段和不设超高的平曲线段，由两侧路肩开始向路中心碾压，在设超高的平曲线段，由内侧路肩向外侧路肩进行碾压。

碾压时,后轮应重叠轮宽的 1/2;后轮必须超过两段的接缝处。后轮压完路面全宽时,即为一遍,碾压一直进行到密实度符合要求为止。一般需碾压 6 ~ 8 遍,应使表面无明显轮迹。压路机的碾压速度,前两遍以 1.5 ~ 1.7 km/h 为宜,之后以 2.0 ~ 2.5 km/h 为宜。路面的两侧应比中间多压 2 遍或 3 遍。严禁驾驶员操作压路机在已完成或正在碾压的路段掉头或急刹车。凡含土的级配碎石层,都应进行滚浆碾压,一直压到碎石层中无多余细土泛到表面为止,沁到表面的浆(或事后变干的薄土层)应清除干净。

7. 接缝处理

位于两个作业段衔接处的横缝,需要进行搭接拌和;在施工过程中,应该尽量避免纵缝的出现,若实在难以避免纵缝,则纵缝也需要进行搭接拌和。

(二)填隙碎石基层施工

填隙碎石基层施工的顺序为:准备下承层→施工放样→运输和摊铺粗集料→稳压→撒布石屑,振动压实→第二次撒布石屑,振动压实→局部补撒石屑并扫匀,振动压实→填满空隙,洒水至饱和(湿法)或洒少量水(干法),碾压。其中,运输和摊铺粗集料及振动压实是确保施工质量的关键工序。

填隙碎石基层施工时,细集料应干燥;采用振动压路机充分碾压,尽量使粗碎石集料的空隙被细集料填充密实,而填隙料又不覆盖粗碎石表面自成一层,粗碎石应"露子"。

填隙碎石的压实度用固体体积率来表示,用于基层时,不应小于 83%;用于底基层时,不应小于 85%。填隙碎石基层碾压完毕,铺封层前禁止开放交通。

第二节　沥青路面面层施工

沥青混合料面层指用沥青作结合料铺筑的路面结构。由于使用了黏结力较强的沥青材料，集料间的黏结力大大增强，沥青混合料的强度和稳定性得到了提高，面层的行驶质量和耐久性也得到了提高。与水泥混合料面层相比，沥青混合料面层具有表面平整、无接缝、行车平稳、振动小、噪声低、施工期短、养护方便等优点。

一、沥青路面的分类

（一）按强度构成原理划分

沥青路面按强度构成原理可分为密实类沥青路面和嵌挤类沥青路面。

1. 密实类沥青路面

密实类沥青路面要求矿料的级配按最大密实原则设计，其强度和稳定性主要取决于混合料的粘聚力和内摩阻力。密实类沥青路面按其空隙率的大小可分为闭式和开式两种：闭式混合料中含有较多的粒径小于0.6 mm 的矿料颗粒，空隙率小于6%，混合料致密、耐久，但热稳定性较差；开式混合料中粒径小于0.6 mm 的矿料颗粒含量较少，空隙率大于6%，其热稳定性较好。

2. 嵌挤类沥青路面

嵌挤类沥青路面要求采用颗粒尺寸较为均一的矿料，路面的强度和稳定性主要依靠集料颗粒之间相互嵌挤所产生的内摩阻力，而粘聚力则起着次要的作用。按嵌挤原则修筑的沥青路面，热稳定性较好，但因空隙率较大、易渗水，耐久性较差。

（二）按施工工艺划分

沥青路面按施工工艺可分为层铺法沥青路面、路拌法沥青路面和厂拌法沥青路面。

1. 层铺法

层铺法是用分层洒布沥青、分层撒铺矿料和碾压的方法修筑沥青路面，其主要优点是工艺和设备简便、工效较高、施工进度快、造价较低；其缺点是路面成型期较长，需要经过炎热季节行车碾压之后方能成型，用这种方法修筑的沥青路面有沥青表面处治路面和沥青贯入式路面两种。

2. 路拌法

路拌法是在公路施工现场用机械将矿料和沥青材料就地拌和、摊铺和碾压密实形成沥青面层的方法。此类面层所用的矿料为碎（砾）石，称为路拌沥青碎（砾）石；所用的矿料为土，则称为路拌沥青稳定土。路拌沥青面层施工采用就地拌和，沥青材料在矿料中的分布比层铺法均匀，可以缩短路面的成型期。但因所用的矿料为冷料，需使用黏稠度较低的沥青材料，故混合料的强度较低。

3. 厂拌法

厂拌法是把具有一定级配的矿料和沥青材料在工厂用专用设备加热拌和，然后送到工地摊铺碾压而成的沥青路面。若矿料中细颗粒含量少，不含或含少量矿粉，混合料为开级配（空隙率为 10% ~ 15%），则称为厂拌沥青碎石；若矿料中含有矿粉，混合料按最佳密实级配配制（空隙率在 10% 以下），则称为沥青混凝土。厂拌法按混合料铺筑时的温度不同，又可分为热拌热铺和热拌冷铺两种。

（三）按沥青路面材料技术特点划分

1. 沥青混凝土路面

沥青混凝土路面指按级配原理选配的矿料与适量沥青在严格控制的条件下均匀拌和，经摊铺、碾压成型的沥青路面。沥青混凝土是人工选配具有一定级配的矿料（碎石或轧碎砾石、石屑或砂、矿粉等）与一定比例的路用沥青材料，在严格控制条件下拌制而成的混合料。热拌的沥青混合料宜在集中地点用机械拌制，一般在固定式热拌厂拌制，在线路较长时宜选用移动式热拌机。冷拌的沥青混合料可以集中拌和，也可以就地路拌。沥青混凝土路面根据厚度不同可用于各级公路。

2. 热拌沥青碎石路面

热拌沥青碎石路面指由一定级配的集料与适量的沥青在要求的控制条件下均匀拌和，经摊铺、碾压成型的沥青路面。热拌沥青碎石路面适合用于三、四级公路。

3. 乳化沥青碎石路面

乳化沥青碎石路面指用乳化沥青作结合料，与相关集料在要求的控制条件下均匀拌和，经摊铺、碾压而成的沥青路面。乳化沥青是将黏稠沥青加热至热熔状态，经机械的强力搅拌，使沥青以细微液滴状态分布在含有乳化剂的水溶液中，成为水包油状的沥青乳液。乳化沥青碎石路面适合用于三、四级公路。

此外，还有沥青玛蹄脂碎石路面、沥青贯入式路面及沥青表面处治路面等。

二、沥青路面施工

（一）沥青材料的选择

1. 沥青路面原材料的选择

沥青路面原材料包括沥青、粗集料、细集料、填料等。

（1）沥青

沥青可分为石油沥青、乳化沥青和改性沥青。

石油沥青：沥青路面一般采用道路石油沥青，或采用经过乳化、稀释、调和、改性等工艺加工处理的石油沥青产品作为结合料。

乳化沥青：指石油沥青或煤沥青在乳化剂、稳定剂的作用下经乳化等加工制得的均匀的沥青产品，也称沥青乳液。乳化沥青按使用方法分为喷洒型（用 P 表示）及拌和型（用 B 表示）两大类。

改性沥青：指掺加橡胶、树脂、高分子聚合物、磨细的橡胶粉或其他填料等外掺剂（改性剂），或采取对沥青轻度氧化加工等措施，使沥青或沥青混合料的性能得以改善制成的沥青结合料，使用改性沥青通常对改善沥青路面高温及低温稳定性有明显效果。

（2）粗集料

沥青混合料用粗集料可以采用碎石、破碎砾石、筛选砾石、矿渣等。沥青混合料用粗集料应该洁净、干燥、无风化、不含杂质。在力学性质方面，沥青混合料用粗集料的压碎值和磨耗率应符合相应等级公路的要求。粗集料应具有良好的颗粒形状，用于道路沥青面层的碎石不宜采用颚式破碎机加工。筛选砾石仅适用于三级及三级以下公路和次干路以下的城市道路的沥青表面，沥青表面处治路面和拌和法施工的沥青面层的下面层,不得用于沥青贯入式路面及拌和法施工的沥青面层的中上面层。对用于抗滑表层的沥青混合料中的粗集料,应该选用坚硬、耐磨、韧性好的碎石或碎砾石,矿渣及软质集料不得用于防滑表层。用于高速公路、一级公路、城市快速路、主干路沥青路面表面层及各类道路抗滑用的粗集料,应符合相关规范对磨耗值和冲击值的要求。在坚硬石料来源缺乏的情况下,允许掺加一定比例的普通集料作为中等或小颗粒的粗集料,但掺加比例不应超过粗集料总质量的40%。

（3）细集料

细集料指集料中粒径小于 4.75 mm（或 2.36 mm）的材料。沥青面层的细集料可采用机制砂、天然砂、石屑。细集料应洁净、干燥、无风化、无杂质,并有适当的颗粒级配。

（4）填料

沥青与填料混合而成的胶浆是沥青混合料形成强度的重要因素,所以填料必须采用由石灰岩或岩浆岩中的强基性岩石等憎水性石料经磨细生产出来的矿粉。矿粉要求干燥、洁净、能自由地从矿粉仓流出,其质量应符合技术要求。有时为提高沥青混合料的黏结力,也可掺加部分消石灰或水泥作为填料,其用量一般为矿料总质量的 1% ~ 3%。填料的粒径小于 0.6 mm。

2. 沥青混合料的选择

沥青混合料是由矿料（粗集料、细集料和填料）与沥青拌和而成的,包括沥青混凝土混合料和沥青碎石混合料。

（1）沥青混合料的主要特性

第一,良好的力学性能。沥青混合料是一种黏弹塑性材料,采用它修筑的路面,夏季具有一定的高温稳定性,冬季具有一定的低温抗裂性。沥青混合料路面平整、无接缝且有弹性,特别是在高速公路上使用时可使客运快捷、舒适,货运损坏率低。

第二,良好的抗滑性。沥青混合料路面既平整、又具有一定的粗糙度,有利于高速行车的安全。在潮湿状态下,路面仍具有较高的抗滑性。

第三,施工方便。采用沥青混合料修筑路面,施工操作方便。可以采用机械化施工,进度快,养护期短,能及时开放交通。

第四，经济耐久。采用沥青混合料修筑路面，造价比水泥混凝土路面低得多，且耐久性较好。

第五，便于维修养护、分期改建和再生利用。沥青混合料路面出现坑槽可以补修。随着公路交通量的增加，原有道路可分期改建，在旧路面上拓宽和加厚。对旧有的沥青混合料还可再生利用，节约能源，节约投资，社会效益和经济效益较高。此外，路面的噪声小，晴天无尘，雨天不泞，易于清洁，路面无强烈反光，便于汽车高速、安全行驶。

此外，沥青混合料路面具有易老化、感温性大等缺点。

（2）选择沥青混合料时的注意要点

第一，沥青面层集料的最大粒径宜从上至下逐渐增大，并与压实层厚度相匹配；沥青面层一般应采用双层或三层式结构，各层之间应连接成为整体，在沥青层下必须浇洒透层油，沥青层之间必须喷洒粘层油。

第二，沥青混合料路面应满足耐久性、抗车辙性能、抗裂性、密水性、抗滑性等多方面的要求，便于施工，并应根据施工机械、工程造价等实际情况选择沥青混合料的种类；可对上面层或中面层沥青混合料采取改性措施，或采用 SMA 等特殊的矿料级配；保证各层的组合不致发生早期破坏，并在此基础上优先或侧重考虑各层的服务功能，从而做出选择；高速公路的紧急停车带（硬路肩）沥青面层应采用与车行道相同的结构，但表面层一般应采用密级配沥青混凝土混合料铺筑；各层沥青混合料应满足所在层位的功能性要求，便于施工，不容易离析。

第三，各层应连续施工并连接成一个整体。当发现混合料结构组合及级配类型的设计不合理时，应进行修改、调整，以确保沥青混合料路面的使用性能。

（二）沥青混合料路面施工

1.施工准备

（1）材料准备

做好配合比设计，报送监理工程师审批，对各种原材料进行符合性检验。选购经调查、试验合格的材料进行备料，矿粉应分类堆放且不得受潮，必要时做好矿粉堆放场地的硬化处理和场地四周排水，搭设库房或储存罐。

（2）测量放样

沥青混合料路面施工前，应在下承层上重新恢复公路中线，放样边桩根据摊铺机的宽度和摊铺方案控制纵向摊铺条带的划分。

（3）机械准备

检查、调试沥青混合料路面施工机械的工作状态，确保机械性能正常，摊铺机、压路机组合、运料车及其他机械设备准备就绪。

（4）下承层准备

铺筑沥青层前，应检查基层或下卧沥青层的质量，检查下承层的高程、路拱、平整度等参数，不符合要求的不得铺筑沥青面层。旧沥青路面或下承层被污染时，必须清洗或经铣刨处理后方可铺筑沥青混合料。仔细清扫下承层，待干燥后洒布粘层油。

（5）试验阶段

各层开工前，在监理工程师批准的现场备齐全部机械设备进行试验段铺筑，以确定松铺系数、施工工艺、机械配备、人员组织、压实遍数，并检查压实度、沥青含量、矿粉级配、沥青混合料马歇尔试验的各项技术指标等。

注意气象预报，加强工地现场、沥青拌和厂及气象台（站）之间的联系，待天气条件合适，其他准备工作均已就绪后，即可开始混合料的摊铺作业。

2. 沥青混合料配合比设计

沥青混合料配合比设计的主要任务就是确定粗集料、细集料、矿粉和沥青材料相互配合的最佳比例，使之既能满足沥青混合料的技术要求，又符合经济的原则。连续级配的沥青混合料配合比设计，通常按下列两个步骤进行。

（1）根据沥青混合料的矿料最佳级配范围，计算各组成矿料的配合比

矿料的最佳级配范围可以通过理论计算的方法并结合生产实践经验予以确定。实际施工时，往往人工轧制的各种矿料的级配很难完全符合某一级配的要求。这就要求必须采用两种或两种以上符合质量要求的矿料，分别进行筛选、分析、试验，并测定各种矿料的相对密实度。根据

各种矿料的颗粒组成，确定达到级配曲线要求时各种矿料的配合比，以满足级配要求。矿料配合比确定方法有试算法、正规方程法、图解法等。

（2）确定最佳沥青用量

现行规范采用马歇尔试验确定沥青混合料的最佳沥青用量，以 OAC 表示。沥青掺量可以采用油石比或沥青用量两种方式表示。油石比指沥青占矿料总量的百分比；沥青用量指沥青占沥青混合料总量的百分比。

应根据当地的实践经验选择适宜的沥青用量。分别制作几组级配的马歇尔试件，初选一组满足或接近设计要求的级配作为设计级配，再进行马歇尔试验确定最佳沥青用量。

3. 沥青混合料的拌制与运输

沥青混合料必须在拌和厂采用拌和机械拌制。拌和机械分为连续式和间歇式两种，前者的单位时间生产能力大于后者。拌和设备的选型应根据工程量和工期综合考虑，并且拌和设备的生产能力应与摊铺能力相匹配，最好略高于摊铺能力。拌和机可以是固定式的或移动式的。

热拌沥青混合料采用较大吨位的自卸卡车运输到铺筑工地。运输车的运输能力应略大于拌和能力和摊铺能力。运送途中，应在混合料上覆盖篷布，防止雨淋或污染环境。车厢内侧板表面应涂薄层掺水柴油（柴油与水的配合比为 1∶3），以此来防止沥青黏结到车厢体上。运送到工地时，已经呈团块状、温度不符合要求或遭受雨淋的沥青混合料不得使用。

4. 沥青混合料的摊铺

热拌沥青混合料使用沥青摊铺机械进行摊铺，事先要在摊铺机械的受料斗上涂一层薄薄的隔离剂，或者涂防黏结剂。

在高速公路、一级公路、城市快速路或者主干道铺筑沥青混合料的过程中，若是双车道，则一台摊铺机进行铺筑的宽度需要在 6 m 以内；若是三车道或者大于三车道，则一台摊铺机进行铺筑的宽度需要在 7.5 m 以内。

一般情况下，铺筑作业最少使用两台机械，摊铺机之间错开 10～20 m 的距离同时进行铺筑工作。在两幅之间需要进行搭接，搭接的宽度应该控制在 30～60 mm。搭接部分需要避开车轮印迹，上下层的搭接位置最少需要错开 200 mm。在施工前的 0.5～1.0 h，摊铺机就要开始进行预热，在施工过程中，熨平板的温度应该在100℃以上。

　　铺筑时，要调整好熨平板的振捣振幅或压实装置的振动频率和振幅，保证路面初始压实度符合标准要求。熨平板加宽连接时应仔细调节至摊铺的混合料没有明显的离析痕迹。摊铺机运行速度不需要过快，但是必须保证能够匀速行驶，以确保能够均匀摊铺混合料，并且摊铺作业是一个连续的过程，尽量避免在摊铺过程中出现停顿。

　　一般情况下，摊铺机的摊铺速度为2～6 m/min。若在摊铺过程中混合料出现了离析、龟裂或者拖痕等问题，施工人员应该马上分析出现这些问题的原因，并且在最短的时间内解决问题。

　　摊铺机应采用自动找平方式，下面层或基层宜采用钢丝绳或路缘石、平石引导的高程控制方式，上面层宜采用平衡梁或雪橇式摊铺厚度控制方式，中面层根据情况选用找平方式，直接接触平衡梁的轮子不得黏附沥青。铺筑改性沥青或SMA路面时宜采用非接触式平衡梁，沥青混合料的松铺系数应根据混合料类型确定，机械和施工工艺等应通过试验段确定，试验段长度不宜小于100 m。摊铺过程中应随时检查摊铺层厚度及路拱、横坡。

　　摊铺机螺旋布料器的转动应均衡、稳定。一般情况下，摊铺机螺旋布料器的转动速度与摊铺机的摊铺速度相适应。在摊铺机的两侧应有大于或者等于送料器高度2/3的混合料，这是为了避免混合料在摊铺作业中出现离析。

　　使用摊铺机进行作业时，最好不要频繁进行人工修正。若出于某些原因必须使用人工进行局部摊铺或者进行混合料的更换工作，则施工必须小心仔细。若出现特别严重的问题，则应该将整层全部清理干净，并重新进行摊铺。

　　在路面狭窄部分、平曲线半径过小的匝道或加宽部分，以及小规模工程中无法采用摊铺机铺筑时，可用人工摊铺沥青混合料。

　　人工摊铺沥青混合料应符合下列要求：①半幅施工时，路中一侧宜事先设置挡板；②沥青混合料宜卸在铁板上，摊铺时应扣锹布料，不得扬锹远甩；③铁锹等工具宜涂防黏结剂或加热使用；④边摊铺边用刮板整平，刮平时应轻重一致，控制次数，严防集料离析；⑤摊铺不得中途停顿，并加快碾压。

此外，若因故不能及时碾压，应立即停止摊铺，并对已卸下的沥青混合料覆盖苫布保温；低温施工时，每次卸下的混合料应覆盖苫布保温；在雨季铺筑沥青路面时，应加强与气象部门的联系，已摊铺的沥青面层因遇雨未行压实的应予以铲除。

5. 碾压成型

在施工过程中压路机的速度需要与上一阶段摊铺机的工作速度相适应。压路机每次应由两端折回的位置呈阶梯形随摊铺机向前推进，使每一次折回的位置最终都不在同一个横断面上。摊铺机若一直在正常工作，没有出现停顿，则压路机也应该持续进行作业，保证碾压温度始终在正常的范围内波动。

在实际作业过程中，若是较为平缓的路段，则压路机的驱动轮可以适当靠近摊铺机，这样可以减少波纹或者热裂缝的出现。在碾压过程中，压路机的轮子可能会黏附沥青混合料，影响路面的平整度和压实度，此时绝对不能向碾压轮喷洒柴油，只需要喷洒少量的水或者洗衣粉溶液。

在碾压的末尾处，若压路机能够稍微转动方向，就可以将摊铺机后面的压痕减至最小。在作业过程中，压路机不允许在没有经过碾压成型的路段上进行停顿、停车及掉头。在已成型的路面上，振动压路机在行驶时必须将振动装置关闭。

压路机的体积较大，桥梁、挡土墙等构造物拐角、加宽部分及公路边缘等位置无法使用压路机进行压实，这样的位置可以使用振动夯板进行压实处理。雨水井或者其他检查井的边缘还应用人工夯锤、热熔铁补充压实。

在完成碾压并且沥青的温度依旧很高的混合料上，任何车辆及机械设备都不得停放，矿料、油料等也不得洒于表面。待路面温度在50℃以下时，才能够允许通车。若有紧急事件需要尽早恢复通车，可以在沥青混合料路面洒水，加快路面的降温速度。

6. 接缝处理

沥青混合料路面的各种施工缝（包括纵缝及横缝）都必须密实、平顺。

（1）纵向接缝施工

摊铺时采用梯队作业产生的纵缝应采用热接缝；半幅施工不能采用热接缝时，宜加设挡板或采用切刀切齐，铺另半幅前必须将缝边缘清扫干净，并涂洒少量粘层沥青，摊铺时应重叠在已铺层上 5 ~ 10 cm 宽。

（2）横向接缝施工

对高速公路和一级公路，中、下层的横向接缝可采用斜接缝，在上层应采用垂直的平接缝。其他等级公路的各层均可采用斜接缝。平接缝应做到紧密黏结、充分压实、连接平顺。

第三节　水泥混凝土路面施工

水泥混凝土路面也称刚性路面，具有强度高、刚度大、稳定性好、养护维修费用低、使用寿命长等优点，在道路工程特别是高等级、交通量大的道路中已得到广泛应用。水泥混凝土路面是由普通混凝土、钢筋混凝土、连续配筋混凝土、预应力混凝土、装配式混凝土和钢纤维混凝土等面层板和基层、垫层所组成的路面。其中，普通混凝土路面指除接缝区和局部范围（边缘和角隅）外不配置钢筋的混凝土路面。

与沥青路面相比，水泥混凝土路面具有对水泥和水的需要量大、开放交通迟、有接缝和修复困难等缺点。

一、水泥混凝土路面材料组成

（一）水泥

公路、城市道路、厂矿道路应采用硅酸盐水泥或普通硅酸盐水泥（简称普通水泥），水泥强度等级不应低于 42.5 级。

当条件受限制时，可采用矿渣水泥，其强度等级不应低于 42.5 级；中轻交通量等级公路所用水泥的强度等级不宜低于 32.5 级，并严格控制用水量，适当延长搅拌时间，加强养护工作；也可采用 32.5 级的普通水泥，但应采取掺外加剂、干硬性混凝土或真空吸水措施。

民航机场公路和高速公路，必须采用强度等级不低于 42.5 级的硅酸盐水泥，水泥应有出厂合格证（标示化学成分、物理指标等），并经复验合格，方可使用。不同强度等级、厂牌、品种、出厂日期的水泥，不得混合堆放，严禁混合使用。出厂时间超过三个月或受潮的水泥，必须经过试验，按其试验结果决定正常使用或降级使用。已经结块的水泥不得使用。

（二）粗集料

对于粗集料的最大公称粒径，碎砾石不应大于 26.5 mm，碎石不应大于 31.5 mm，砾石不宜大于 19.0 mm。

钢纤维混凝土粗集料最大粒径不宜大于 19.0 mm。混凝土所用的集料应坚硬耐磨、表面粗糙、有棱角，并符合规定级配。

（三）细集料

混凝土的细集料指细度模数在 2.5 左右的天然砂、机制砂或混合砂。海砂不得直接用于面层混凝土。淡化海砂不应用于城市快速路、主干道和次干道，但可用于支路。砂应质地坚硬、耐久、洁净。其技术指标与级配符合规范要求。

（四）水

饮用水可直接作为混凝土搅拌和养护用水。非饮用水应符合有关规定，应进行水质检验，还应与蒸馏水进行水泥凝结时间和水泥胶砂强度的对比试验。

（五）外加剂

1. 流变剂

流变剂是改善新拌混凝土流变性能的外加剂，工程中常用的流变剂为减水剂。工程中常用的减水剂有木质素系减水剂、萘系减水剂、水溶性树脂类减水剂等。

2. 调凝剂

调凝剂是调节水泥混凝土凝结时间的外加剂，通常包括早强剂、促凝剂、速凝剂和缓凝剂。早强剂常用的有氯化钙和三乙醇胺复合早强剂。

促凝剂常用的有水玻璃、铝酸钠、碳酸钠、氟化钠、氯化钙和三乙醇胺等。速凝剂是使水泥混凝土迅速凝结和硬化的外加剂,可用于冬季施工,通常掺入量为水泥用量的 2.5% ~ 4.0%,初凝时间可在 5 min 之内,终凝时间在 10 min 之内。缓凝剂常在气温较高时拌制混凝土使用,目前,主要有羟基羧酸盐类(酒石酸等)、多羟基碳水化合物和无机化合物类等。

3. 引气剂

引气剂能在混凝土中形成细小的、均匀分布的空气微泡,对于新拌混凝土,可改善其工作性能,减少泌水和离析,对于硬化后的混凝土,可起到弱化其水分结冰膨胀的作用。目前,常用的引气剂有松香热聚物、烷基磺酸钠等。

二、水泥混凝土面层施工技术

(一)施工准备

1. 施工机械选择

常见的水泥混凝土路面摊铺机械有滑模摊铺机、轨道摊铺机、三辊轴机组、小型机具和碾压混凝土摊铺机械等。

2. 技术准备

当采用自拌混凝土时,应选择合适的拌和场地,要求运送混合料的运距尽量短,水、电供应条件较好,有足够面积的场地,能合理布置拌和机械以及砂、石堆放点,并能搭建水泥库房等;有碍施工的建筑物、灌溉渠道和地下管线等,均应在施工前拆迁完毕;混凝土摊铺前,对基层进行整修,基层的宽度、路拱、标高、平整度、强度和压实度等各项指标,应达到设计和规范要求,并经监理工程师同意;混凝土摊铺前,基层表面应洒水润湿,以免混凝土底部水分被干燥基层吸收。

(二)模板与钢筋

1. 模板安装

模板安装应符合下列规定:①支模前应核对路面标高、面板分块、胀缝和构造物位置;②模板应安装稳固、顺直、平整,无扭曲,相邻模板连接应紧密、平顺,不错位;③严禁在基层上挖槽嵌入模板;④使用轨道摊铺机应采用专用钢制轨模。

2. 钢筋安装

钢筋安装应符合下列规定：①钢筋安装前应检查原材料品种、规格与加工质量，确认符合设计规定；②钢筋网、角隅钢筋等安装应牢固、位置准确；③钢筋安装后应进行检查，合格后方可使用；④传力杆安装应牢固、位置准确；胀缝传力杆应与胀缝板、提缝板一起安装。

（三）混凝土搅拌

混凝土的最佳搅拌时间应按配合比要求与施工对其工作性能的要求，经试拌确定，每盘总搅拌时间宜为 80 ~ 120 s；外加剂宜稀释成溶液，均匀加入进行搅拌；混凝土应搅拌均匀，出仓温度应符合施工要求。

搅拌钢纤维混凝土还应满足下列要求：①当钢纤维体积率较高、搅拌物较干时，搅拌设备一次搅拌量不宜大于其额定搅拌量的 80%；②钢纤维混凝土的投料次序、方法和搅拌时间，应以搅拌过程中钢纤维不产生结团和满足使用要求为前提，并通过试拌确定；③钢纤维混凝土严禁用人工搅拌。

（四）混凝土拌和物的运输

1. 机动车运送

在路面施工中，为了便于混凝土的摊铺，一般采用自卸车运送混凝土拌和物（工程量一般，现场条件有一定限制时，也可以使用机动翻斗车）。机动车运送混凝土拌和物主要的风险类型是车辆伤害，其风险控制的重点如下：①杜绝超载、超速行驶的不安全行为；遇视线不良天气（大雾、沙尘暴等）时，严防快速行驶的不安全行为。②卸料前，严防不确认车厢上方有无电线或障碍物（尤其是乡村道路）的不安全行为。③车厢处于举升状态时，杜绝作业人员上车厢清除残料的不安全行为。④卸料后，杜绝在车厢倾斜情况下行驶的不安全行为。

除要严防车辆伤害外，还应加强现场指挥，防止机动车与其他施工机械之间发生碰撞而导致各种意外伤害事故，防止造成地面作业人员的意外伤亡。

2. 手推车运送

在工程量很小或现场条件不适合使用大中型运输车时，可使用现场拌和混凝土，并采用手推车将混凝土运送到摊铺现场。手推车运送混凝土拌和物的风险控制重点为：杜绝猛跑、撒把溜车的不安全行为，以免手推车倾翻而导致机械伤害（很可能是伤害他人）；严防车斗内载人的不安全行为，以免造成机械伤害；多车推送混凝土时，防止前后车之间距离过近（一旦后车控制不住，前车的推车人很可能受到挤压伤害）。

（五）混凝土拌和物的摊铺

1. 人工小型机具施工

人工小型机具施工水泥混凝土面层，应符合下列规定：①混凝土松铺系数宜控制在 1.10 ~ 1.25。②摊铺厚度达到混凝土板厚度的 2/3 时，应拔出模内钢钎，并填实钎洞。③混凝土面层分两次摊铺时，上层混凝土的摊铺应在次下层混凝土初凝前完成，且下层厚度宜为总厚度的 3/5；混凝土摊铺应与钢筋网、传力杆及边缘角隅钢筋的安放相配合。④一块混凝土板应一次连续浇筑完毕。⑤混凝土采用插入式振捣器振捣时，不应过振，且振动时间不宜少于 30 s，移动间距不宜大于 50 cm，使用平板振捣器振捣时应重叠 10 ~ 20 cm，振捣器行进速度应均匀。

2. 三辊轴机组铺筑

三辊轴机组铺筑应符合下列规定：①三辊轴机组铺筑混凝土面层时，辊轴直径应与摊铺层厚度匹配，且必须同时配备一台安装插入式振捣器组的排式振捣机，振捣器的直径宜为 50 ~ 100 mm，间距不应大于其有效作用半径的 1.5 倍，且不得大于 50 cm；②当面层铺装厚度小于 15 cm 时，可采用振捣梁，其振捣频率宜为 50 ~ 100 Hz，振捣加速度宜为 4 ~ 5 g（g 为重力加速度）；当双车道面层一次摊铺成型时，应配备纵缝拉杆插入机，并配有插入深度控制和拉杆间距调整装置。

铺筑作业应符合下列要求：①卸料应均匀，布料应与摊铺速度相适应；②设有接缝拉杆的混凝土面层，应在面层施工中及时安设拉杆；③三辊轴整平机分段整平的作业单元长度宜为 20 ~ 30 m，振捣机振实与三辊轴整平工序之间的时间间隔不宜超过 15 min；④在一个作业单元长度内，应采用前进振动、后退静滚方式作业，最佳滚压遍数应通过试铺确定。

（六）表面修整

1. 抹平作业

采用抹平机抹平表面时，其风险控制的重点为：①杜绝抹平机带病使用的不安全行为，以免造成机械伤害；②作业时，严防无专人收放电缆的不安全行为，以免造成触电伤害；③杜绝抹平机带负荷启动的不安全行为，以免造成设备损坏。

2. 吸水作业

路面混凝土摊铺、振捣、抹平后，在混凝土表面铺上吸垫，启动真空设备，从混凝土中吸出游离水，可降低混凝土水灰比，从而提高混凝土路面的质量。

真空吸水装置作业时，其风险控制的重点如下：①杜绝真空泵绝缘不良而导致触电伤害；吸水作业时，严防操作人员在吸垫上行走或压其他物件，以免造成吸垫损坏或者影响工程质量；②冬期施工时，严防真空泵存有冷却水，以免造成真空泵损坏；③严防掀起盖垫前未断电，以免造成触电伤害。

三、滑模摊铺机施工

滑模摊铺的特点是不需要轨模，由 4 个液压缸支承腿控制的履带行走机构行走。它可以通过控制机构上下移动，调整摊铺层厚度。在摊铺机两侧安装固定的滑模板。因此，不需要另设轨模，这种摊铺机一次通过就可以完成摊铺、捣实、整平等多道工序。滑模摊铺机械化程度高，施工工艺较为复杂，每一个流程都要求做到充分、精确。

滑模摊铺的施工工艺为：施工前准备→混凝土拌和→混凝土运输→滑模摊铺及整修养护→灌缝填料→验收及开放交通。

（一）施工前的准备

铺筑前需要保证基层平整，设有砂垫层的，垫层表面应平整、密实；模板尺寸、位置、高程等应满足设计要求，支撑牢固稳定，隔离剂涂刷均匀，模板接缝严密、模内洁净；预埋胀缝板的位置正确；边缘、角隅及其他部位的钢筋安装牢固，位置准确；传力杆与胀缝垂直，绑扎牢固，套筒安装齐全，位置准确；各种检查井井盖、井座以及雨水箅子等应预先安装完成，且安装牢固，位置准确，标高与路面标高协调一致；水泥混凝土运输应确保及时、连续；设有纵缝的水泥混凝土面层，在成型水泥混凝土板块侧立面应按要求涂刷隔离剂。

（二）正确设置滑模摊铺机各项工作参数

1. 振捣棒的位置

振捣棒的下缘位置应在挤压底板最低点以上，振捣棒的横向间距大于 450 mm，均匀排列，两侧最边缘振捣棒与摊铺边缘的距离不宜大于 250 mm。振捣棒位置正确是保证面板不产生纵向收缩裂缝的关键。振捣棒随滑模摊铺机拖行时，将粗集料推开，会形成无粗集料的砂浆暗沟，由于砂浆的干缩量比混凝土高得多，摊铺后的路面会留有发亮的砂浆条带，路面必然会纵向开裂。在道路路面摊铺时，振捣棒的最低点位置必须设置在路表面以上。也有很厚的道路面板，如广州白云国际机场，道路面板厚度达 42 cm。除缩窄振捣棒的横向间距外，一半振捣棒安装在表面，另一半插入板中。一般道路没有这么厚的面板，振捣棒必须设置在路表面以上，防止面板开裂。

2. 前倾角

挤压底板的前倾角宜设置为 30° 左右，提浆夯板的位置宜在挤压底板前缘以下 5 ~ 10 mm，这是防止横向拉裂的要素。

3. 超铺高程及搓平梁

设超铺角的滑模摊铺机两边缘超铺高程，根据混合料的稠度应为 3 ~ 8 mm。搓平梁前沿调整到与挤压底板后沿同高，搓平梁的后沿比挤压底板后沿低 1 ~ 2 mm，并与路面同高。

4. 位置校准

滑模摊铺机首次摊铺路面，应对挂线、铺筑位置、几何参数和机架水平度进行校准，正确无误后，方可开始摊铺。

5. 复核测量

在开始摊铺的 5 min 内，应在铺筑中对摊铺出的路面标高、边缘厚度、中线、横坡等参数进行复核测量，并应控制在规范规定的范围内。

（三）混凝土搅拌与运输

混凝土搅拌前应先检查搅拌设备的各机构是否运转正常，并根据实验室提供的配料单将各材料数据输入搅拌设备微机里，接到前方通知后，方可进行搅拌。

混凝土搅拌时应根据搅拌物的黏聚性、均质性及强度稳定性试拌，确定最佳拌和时间。所生产的拌和物应色泽一致，若有生料、干料、离析或外加剂成团的非均质混合物，严禁用于铺筑路面。

把搅拌好的混凝土拌和物运到摊铺现场，在运输过程中要保证不漏浆、不变干、不离析，卸料时尽量不要堆积太高。卸料高度不应超过 1.5 m。远距离运输或运输用于桥面、路面的混凝土拌和物时，宜采用混凝土运输车。机前布料尽量使混凝土在全宽方向厚度均匀，中间可高一点儿，布料高度一般比成型后的路面高出 6 ~ 10 cm。

（四）铺筑作业技术要点

1. 摊铺速度

滑模摊铺机应缓慢、匀速、连续作业。摊铺速度应根据拌和物稠度、供料情况和设备性能控制在 0.5 ~ 3.0 m/min，一般宜控制在 1 m/min 左右。拌和物稠度发生变化时，应先调整振捣频率，后改变摊铺速度。

2. 松方控制

应随时调整松方高度板，以控制进料位置，开始时宜略设高一些，以保证进料。正常摊铺时应保持振捣仓内料位高于振捣棒 100 mm 左右，料位高度上下波动宜控制在 30 mm 之内。为了摊铺高平整度的路面，挤压底板的料与振捣仓内的混凝土之间，应始终维持压力的均衡，才不会因挤压力忽大忽小而影响平整度。

3. 振捣频率控制

正常摊铺时，振捣频率可在 6 000 ~ 11 000 r/min 之间调整，通常采用 9 000 r/min 左右的频率。应防止混凝土过振、欠振或调振。应根据混凝土的稠度大小，随时调整摊铺的振捣频率或速度。摊铺机起步时，应先开启振捣棒振捣 2～3 min，再缓慢平稳推进。摊铺机脱离混凝土后，应立即关闭振捣棒组。

4. 纵坡施工

滑模摊铺机满负荷时可铺筑的路面最大纵坡为：上坡 5%、下坡 6%。

铺筑上坡时，挤压底板前仰角宜适当调小，并适当调小抹平板压力，坡度较大时，为了防止摊铺机过载，推不动，宜适当调整挤压底板前仰角；铺筑下坡时，前仰角宜适当调大，并适当调大抹平板压力。板底不小于 3/4 的长度接触路表面时，表示抹平板压力适宜。

5. 纵缝拉杆安置

摊铺单车道时，必须根据路面设计配置单侧或双侧打拉杆机械装置，打拉杆机械装置的正确插入位置应为挤压底板下的中部或偏后部，无论采用何种方式打入拉杆，其压力应满足一次打到位的要求。打入拉杆的位置必须在板厚中间，中间和侧向拉杆的高低和左右误差不得大于 ±2 mm。

（五）路面修整

滑模摊铺过程中应采用自动抹平板装置进行抹面。对少量局部麻面和明显缺料部位，应在挤压底板后或梁前补充拌和物，采用搓平梁或抹平板机械修整。

滑模摊铺的混凝土面板出现下列三种情况时，可用人工进行局部修整：①用人工操作抹面抄平器，精整摊铺后的表面小缺陷，但不得在整个表面加薄层修补路面标高；②对纵缝边缘出现的倒边、塌边、溜肩现象，应顶侧模或在上部支方铝管边缘处补料修整；③对起步和纵向施工接头处，应使用水准仪抄平并采用大于 3 m 的靠尺边测边修整。

滑模摊铺结束后，必须及时做好以下工作：①要清洗滑模摊铺机，进行保养、加油、加水、打润滑油等；②应丢弃端部的混凝土和摊铺机振捣仓内遗留下的纯砂浆；③设置施工缝端模，并用水准仪测量面板高程和横坡。

为使下次摊铺能紧接着施工缝开始，应做好以下工作：①两侧模板应各向内收进 20 ~ 40 mm，收口长度宜比滑模摊铺机侧模板略长；②施工缝部位应设置传力杆，并应满足路面平整度、高程、横坡和板长要求；③在开始摊铺和施工接头时，应保证端头和接合部位的平整度，防止工作缝接合部位出现低洼现象，接头部位宁高勿低。

第三章　桥梁上部结构施工技术

第一节　装配式预应力混凝土梁桥施工

一、桥梁上部结构装配式施工技术

（一）先张法预制梁板

1. 台座

台座是先张法施工的主要设备之一，承受预应力钢筋的全部张拉力，它应有足够的强度和稳定性，以免台座变形、倾覆、滑移而引起预应力损失。台座由一个框架（两根固定横梁和两根受压柱构成）和两根活动横梁组成，固定和活动横梁间设置千斤顶，预应力钢筋两端用工具锚固在活动横梁的锚固板上。千斤顶顶起活动横梁，使预应力筋受张拉。全部张拉力由框架承受。压柱的承压形式可为中心受压或偏心受压，一般采用偏心受压。前者省料但作业不方便，后者则相反。

2. 模板工程

预制梁的模板是施工过程的临时结构，它不仅关系到预制梁尺寸的精度，而且对工程质量、施工进度和工程造价有直接的影响。

预制梁的模板通常按材料分类，有钢模板、木模板、土木组合模、土模以及钢木组合模等数种。预制工厂常采用钢模板和钢木结合的模板。

模板在制作时，应保证表面平整，转角光滑，连接孔配合准确。对于钢模要考虑焊缝收缩对长度的影响，对于木模要在构造上采取措施以防漏浆。模板的组装可在工作平台上进行，底模在制作时需考虑预制梁的预拱度。

模板的安装应与钢筋工作配合进行。在底模整平以及钢筋骨架安装后，安装侧模板和端模板；也可先安装端模，后安装侧模板。模板安装的精度要高于预制梁的精度要求。每次模板安装完成后需通过验收合格后，方可进入下一道工序。

模板分为底模、侧模、端模和内模。底模支承在底座上或设置在流水台车上，可用 12 ～ 16 mm 厚的钢板制成。将先张台座的混凝土底板作为预制构件的底模，要求地基不产生非均匀沉陷，底板制作必须平整光滑、排水畅通，预应力筋放松，梁体中段拱起，两端压力增大，梁位端部的底模应满足强度要求和重复使用的要求。底模在构造上应注意设置底模与侧模、底模与端模以及底模接长的联系构件。此外，还应在底模与台座之间设置减振垫。

侧模由侧板、水平加劲肋、斜撑等构件组成。钢侧模板一般采用 4 ～ 8 mm 厚钢板，采用 50 ～ 100 加劲角钢。侧模板在构造上应考虑悬挂振捣器的构件，要加强侧模间的连接构造，并需设置拆模板的设施。先张法制作预应力板梁，预应力钢筋放松后板梁压缩量为 1% 左右。为保证梁体外形尺寸准确，侧模制作要增长 1%。

端模设置在梁的两端，安装时连接在侧模上，用于形成梁端形状。端模预应力筋孔的位置要准确，安装后与定位板上对应的力筋孔要求均在一条中心线上。由于施工中实际上存在偏差，力筋张拉时的筋位有移动，制作时端模力筋孔径可按力筋直径扩大 2 ～ 4 mm，力筋孔水平向还可做成椭圆形。

内模是空心截面梁、板的预制关键，其结构形式直接影响到制作是否经济、拆装是否方便、周转率高低等问题。

3. 预应力筋的张拉

预应力筋通常采用高强钢丝、钢绞线和精轧螺纹钢筋。

预应力混凝土预制梁制造过程中，张拉预应力筋是一项十分重要的工作。施加预应力过多或不足都会影响梁的预制质量，必须按设计要求，准确地施加预应力。

先张法梁的预应力筋是在底模整理后，在台座上张拉已加工好的预应力筋。

先张法梁通常一端张拉，另一端在张拉前要设置好固定装置或安放好预应力筋的放松装置。张拉前，应先在端横梁上安装预应力筋的定位钢板，同时检查其孔位和孔径是否符合设计要求。之后在台座安装预应力筋，穿钢筋不能刮碰掉台面上的隔离剂。安装张拉设备时，应使张拉力的作用线与钢筋中心线一致。张拉时应采用应力与伸长值双控制，若发现伸长值异常，应停止张拉，查明原因。此外，在张拉过程中要十分重视施工安全。

为了减少张拉过程中的预应力损失，可以采用超张拉的方法。

4. 预应力混凝土的配料与浇筑

混凝土工程质量好坏是影响混凝土能否达到设计强度等级的关键，将直接影响钢筋混凝土结构的强度和耐久性。

（1）预应力混凝土配料

预应力混凝土配料除符合普通混凝土有关规定外，还应符合如下要求。

配制高强度等级的混凝土应选择级配优良的配合比，在构件截面尺寸和配筋允许下，尽量采用大粒径的骨料、强度高的骨料；含砂率不超过 0.4，水泥用量不宜超过 $500 \, \text{kg/m}^3$，最大不超过 $550 \, \text{kg/m}^3$，水灰比不超过 0.45，一般可采用低塑性混凝土，坍落度不大于 30 mm，以减少因徐变和收缩所引起的预应力损失。

在拌和料中可掺入适量的减水剂（塑化剂），以达到易于浇筑、早强、节约水泥的目的，其掺入量可由试验确定，也可参考经验值。拌和料不得掺入氯化钙、氯化钠等氯盐及引气剂，亦不宜掺用引气型减水剂。值得注意的是，由于混凝土掺加减水剂效果显著，目前用于建造预应力混凝土桥梁的高强度混凝土几乎没有不掺加减水剂的，但对它的使用不能掉以轻心，使用不当将会严重影响混凝土的质量。

水、水泥、减水剂用量应准确到 ±1%；骨料用量准确到 ±2%。

预应力混凝土所用的一切材料，必须全面检查，各项指标均应合格。预应力混凝土选配材料总的发展趋势是提高强度，减轻自重，主要途径是采用多孔的轻质骨料。改善预应力混凝土物理力学性能的另一个重要途径是发展研制改性混凝土。

（2）预应力混凝土浇筑

混凝土浇筑前除按操作规程检查外,对先张构件还应检查台座受力、夹具、预应力筋数量、位置及张拉吨位是否符合要求等。

浇筑质量主要从两个方面来控制,一个是浇筑层的厚度与浇筑程序;另一个是良好的振捣。这两个方面互相影响。当构件的高度（或厚度）较大时,为了保证混凝土能振捣密实,应采用分层浇筑法,并应在下层混凝土初凝之前,将上层混凝土浇筑并振捣完毕。T 形梁的浇筑顺序一般采用水平层浇筑,也可采用斜层浇筑。

混凝土浇筑不得任意中断,由于技术上或组织上的原因必须间歇时,间歇时间应根据环境温度、水泥性能、水灰比、外加剂类型及混凝土硬化条件确定。无试验资料时,对不掺外加剂的混凝土,间歇时间不宜超过 2 h;当温度高达 30℃左右时,应减少为 1.5 h;当温度低于 10℃左右时,可延长至 2.5 h。

（3）混凝土的振捣

混凝土浇筑与混凝土振捣要密切配合,分层浇筑分层振捣。

在制作预制梁时,组织强力振捣是提高施工质量的关键。由于预制梁截面形状复杂,梁高、壁薄、钢筋密集,在浇筑梁下层或下马蹄处的混凝土时,可使用底模和侧模下排的振捣器联合振捣,并依照浇筑位置调整振捣部位。当浇筑到梁上层或梁肋混凝土时,主要使用侧模振捣,辅以插入式振捣。待浇筑桥面混凝土时,可使用侧模上排振捣器、插入式振捣器和平板式振捣器联合振捣。

混凝土的振捣时间应严格控制。振捣时间过长,容易引起混凝土的离析现象;振捣时间过短,不能达到要求的密实度。一般以振捣至混凝土不再下沉、无显著气泡上升、混凝土表面出现浮浆、表面达到平整为适度。当用附着式振捣器时,因振捣效率差,一般约需 120 s。当用插入式振捣器时,效果较好,一般只要 20 ~ 30 s。当用平板式振捣器时,在每个位置上的振捣时间为 25 ~ 40 s。

（4）混凝土的养护及拆模

为保持混凝土硬化时所需的温度与湿度,混凝土浇筑后需进行养护。预应力混凝土梁一般采用蒸汽法养护。开始时恒温,温度应按设计规定执行，不得任意提高，以免造成不可补救的预应力损失。

拆模的施工质量好坏直接影响到预制梁的质量和模板的周转使用。不承重的侧模，在混凝土强度达到 2.5 MPa 时，可以拆除。侧模可用千斤顶协助脱模，为使模板单元安全脱模，常用旋转法拆模，其转动中心可设在侧模的下端或上端。承重的底面模板应在混凝土强度能承受自重和其他可能的外荷载时拆除。

拆模后，若发现有缺陷，应进行修补。修补遵循以下三点：①对有面积小、数量不多的蜂窝或露石的混凝土，先用钢丝刷或加压水洗刷基层，然后用 1：25 ～ 1：2 的水泥砂浆抹平。②对有较大面积的蜂窝、露石和露筋的混凝土应按其全部深度凿去薄弱层，然后用钢丝刷或加压水冲刷，再用比原混凝土强度等级高一个级别的细骨料混凝土填塞，并仔细捣实。③对影响结构性能的缺陷，应与设计单位研究处理。

5. 预应力筋的放松

当混凝土强度达到设计强度的 70% ～ 80% 后，可在台座上放松受拉预应力筋，对预制梁施加预应力。放松过早，会造成较多的预应力损失（主要是收缩、徐变损失）；放松过迟，则影响台座和模板的周转。放松操作时速度不应过快，尽量使构件受力对称均匀。只有待预应力筋被放松后才能切割每个构件端部的钢筋。

放松预应力钢筋的方法有千斤顶放松、沙箱放松、滑楔放松和螺杆放松，其中用得较多的是千斤顶放松。

采用千斤顶放松，是在混凝土达到规定强度后，再安装千斤顶重新张拉钢筋，施加的应力不应超过原有的张拉控制应力，之后将固定在横隔梁定位板前的双螺帽慢慢旋动后，再将千斤顶回油，让钢筋慢慢放松，使构件均匀对称受力。当逐根放松预应力筋时，应严格按有利于梁受力的次序分阶段进行。通常自构件两侧对称地向中心放松，以免较后一根钢筋断裂时使梁承受大的水平弯曲冲击作用。

（二）后张法预制梁板

1. 后张法预制梁板施工工序

第一，按施工需要规划预制场地，整平压实，完善排水系统，确保场内不积水。

第二，根据预制梁的尺寸、数量、工期，确定预制台座的数量、尺寸，台座用表面压光的梁（板）筑成，应坚固不沉陷，确保底模沉降不大于 2 mm，台座上铺钢板底模或用角钢镶边代作底模。当预制梁跨大于 20 m 时，要按规定设置反拱。

第三，根据需要及设备条件，选用塔吊或跨梁龙门吊做吊运工具，并铺设轨道。

第四，统筹规划梁（板）拌和站及水、电管路的布设安装。

第五，预制模板由钢板、型钢组焊而成，应有足够的强度、刚度和稳定性，尺寸规范，表面平整光洁，接缝紧密、不漏浆，试拼合格后，方可投入使用。

第六，在绑扎工作台上将钢筋绑扎焊接成钢筋骨架，把制孔管按坐标位置定位固定，若使用橡胶抽拔管要插入芯棒。

第七，用龙门吊机将钢筋骨架吊装入模，绑扎隔板钢筋，埋设预埋件，在孔道两端及最低处设置压浆孔，在最高处设排气孔，安设锚垫板后，先安装端模，再安装涂有脱模剂的钢侧模，统一紧固调整和必要的支撑后交验。

第八，将质量合格的梁（板）用专用设备运输，卸入吊斗，由龙门吊从梁的一端向另一端，水平分层，先下部捣实后再腹板、翼板，浇筑至接近另一端时改从另一端向相反方向顺序下料，在距梁端 3 ~ 4 m 处浇筑合龙，一次整体浇筑成型。当梁高跨长，或混凝土拌制跟不上浇筑进度时。可采用斜层浇筑或纵向分段，水平分层浇筑。

第九，梁（板）的振捣以紧固安装在侧模上的附着式为主，插入式振捣器为辅。振捣时要掌握好振动的持续时间、间隔时间和钢筋密集区的振捣，力求使梁（板）达到最佳密实度而又不损伤制孔管道。

第十，梁（板）混凝土浇筑完成后要将表面抹平、拉毛，收浆后适时覆盖，洒水湿养不少于 7 d，蒸汽养护恒温不宜超过 80℃，也可采用喷洒养护剂。

第十一，使用龙门吊拆除模板，拆下的模板要顺序摆放，清除灰浆，以备再用。

第十二，构件脱模后，要标明型号、预制日期及使用方向。

第十三，将力学性能和表面质量符合设计要求的预应力钢丝或钢绞线按计算长度下料，梳理顺直，编扎成束，用人工或卷扬机或其他牵引设备穿入孔道。

第十四，当构件梁（板）达到规定强度时，安装千斤顶等张拉设备，准备张拉。

第十五，张拉使用的张拉机及油泵、锚、夹具必须符合设计要求，并配套使用，定期校验，以准确标定张拉力与压力表读数间的关系曲线。

第十六，按设计要求在两端同时对称张拉，张拉时千斤顶的作用线必须与预应力轴线重合，两端各项张拉操作必须一致。

第十七，预应力张拉采用应力控制，同时以伸长值作为校核。实际伸长值与理论伸长值之差应满足规范要求，否则要查明原因采取补救措施。

第十八，张拉过程中的断丝、滑丝数量不得超过设计规定，否则要更换钢筋或采取补救措施。

第十九，预应力筋锚固要在张拉控制应力处于稳定状态时进行，其钢筋内缩量不得超过设计规定。

第二十，预应力筋张拉后，将孔道中冲洗干净，吹除积水，尽早压注水泥浆。

2. 后张法张拉时的施工要点

第一，对受力筋施加预应力之前，应对构件进行检验，外观尺寸应符合质量标准要求。张拉时，构件混凝土强度应符合设计要求；设计无要求时，不应低于设计强度等级值的 75%。当块体拼装构件的竖缝采用砂浆接缝时，砂浆强度不低于 15 MPa。

第二，对预留孔道应用通孔器或压气、压水等方法进行检查。端部预埋铁板与锚具和垫板接触处的焊渣、毛刺、混凝土残渣等应清除干净。当采用先穿束的方法时用压气、压水较好。

第三，钢筋穿束前，螺丝端杆的丝扣部分应用水泥袋纸等包缠 2 ~ 3 层，并用细钢丝扎牢；在钢丝束、钢绞线束、钢筋束等穿束前，将一端找齐平，顺序编号。对于短束，用人工从一端向另一端穿束；对于较长束，应套上穿束器，由引线及牵引设备从另一端拉出。

第四，对于夹片式锚具，上好的夹片应齐平，并在张拉前用钢管捣实。

第五，预应力筋的张拉顺序应符合设计要求，当设计未规定时，可采取分批、分段对称张拉。

第六，应使用能张拉多根钢绞线或钢丝的千斤顶同时对每一钢束中的全部力筋施加应力，但对于扁平管道中不多于 4 根的钢绞线除外。

第七，预应力筋张拉端的设置应符合设计要求，当设计无具体要求时，应符合以下规定：对于曲线预应力筋或长度大于等于 25 m 的直线预应力筋，宜在两端张拉；对长度小于 25 m 的直线预应力筋，可在一端张拉；曲线配筋的精轧螺纹钢筋应在两端张拉，直线配筋的精轧螺纹钢筋可在一端张拉。

第八，后张预应力筋断丝及滑丝不得超过有关规定的控制数。

第九，预应力筋在张拉控制应力达到稳定后方可锚固。预应力筋锚固后的外露长度不宜小于 300 mm，锚具应用封端混凝土保护，当需长期外露时，应采取防止锈蚀的措施。一般情况下，锚固完毕并经检验合格后即可切割端头多余的预应力筋，严禁用电弧焊切割，强调用砂轮机切割。

第十，张拉切割后即封堵。用素灰将锚头封住，然后用塑料布将其裹住进行养护，以防止裂缝而使锚头漏浆、漏气，影响压浆质量。

（三）预制梁的架设方法

1. 联合架桥机法

以联合架桥机并配备若干滑车、千斤顶、绞车等辅助设备架设安装的预制梁，适用于多孔 30 m 以下孔径的装配式桥梁。

（1）联合架桥机的组成

联合架桥机主要由龙门架、导梁和蝴蝶架组成。龙门架用"工"字形钢梁架设，在架上安放两台吊车，架的接头处和上、下缘用钢板加固，主柱为拐脚式，横梁的高程由两根预制梁的叠高加上平板车的高度和起吊设备的高度决定。它是用来起落预制件和导梁，并对预制构件进行墩上横移和就位。蝴蝶架是专供托运龙门吊机在轨道上移走的支架，形如蝴蝶，用角钢拼成，上设有供升降用的千斤顶。它是用以拖动龙门架转移位置的专用工具，托架是在桥头地面上拼装、竖直，用千斤顶顶起放在托架平车上，移至导梁上放置。导梁用钢桁梁拼成，以横向框架连接，其上铺钢轨供运梁行走。

（2）施工作业

架梁时，先铺设导梁和轨道，用绞车将导梁拖移就位后，把蝴蝶架用平板小车推上轨道，将龙门吊机托运至墩上，用千斤顶将吊机降落在墩顶，并用螺栓固定在墩的支承垫块上，然后用平车将梁运到两墩之间，由吊机起吊、横移、下落就位。待全跨梁就位后，向前铺设轨道，用蝴蝶架把吊机移至下一跨架梁。

（3）施工优点

其优点是可完全不设桥下支架，不受洪水威胁，架设过程中不影响桥下通车、通航。预制梁的纵移、起吊、横移、就位都比较便利。缺点是架设设备用钢材较多（可周转使用），较适用于多孔 30 m 以下孔径的装配式桥。

2. 双导梁穿行式架设法

双导梁穿行式架设法是在架设跨间设置两组导梁。导梁是用贝雷梁或万能构件组装的钢桁架，其梁长大于两倍桥梁跨径，前方为引导部分，由前端钢支架与前方墩上的预埋螺栓连接，中段是承重部分，后段为平衡部分。导梁顶面铺设小平车轨道，预制梁由平车在导梁上运至桥孔，由设在两根横梁上的卷扬机吊起，下落在两个桥墩上，之后在滑道垫板上进行横移就位。先安装两个边梁，再安装中间各梁。全跨安装完毕、横向焊接后，将导梁向前推，安装下一跨。

3. 扒杆架设法

扒杆架设法又称吊鱼架设法，是利用"人"字扒杆来架设桥梁上部结构构件，而不需要特殊的脚手架或木排架。

"人"字扒杆又有一副扒杆和两副扒杆架设两种。两副扒杆架设中，一副是吊鱼滑车组，用以牵引预制梁悬空拖曳；另一绞车是牵引前进，梁的尾端设有制动绞车，起溜绳配合作用，后扒杆的主要作用是预制梁吊装就位时，配合前扒杆吊起梁端，抽出木垛，便于落梁就位。一副扒杆架设中，基本方法与两副扒杆架设相同，不同之处是采用千斤顶顶起预制梁，抽出木垛，落梁就位。

用此法架梁时，必须以预制梁的质量和墩台间跨径为基础，在竖立扒杆、放倒扒杆、转移扒杆或吊梁进行横移等各个阶段，对扒杆、牵引绳、控制绳等零件进行受力分析和应力计算，以确保设备的安全。本法不受架设孔墩台高度和桥孔下地基、河流水文等条件影响，适用于起吊高度不大和水平移动范围较小的中、小跨径的桥梁。

4. 自行式吊车架梁

在桥不高、场内又可设置行车便道的情况下，用自行式吊车（汽车吊车或履带吊车）架设中、小跨径的桥梁十分方便。此法视吊装质量不同，还可采用单吊（一台吊车）或双吊（两台吊车）两种形式。其特点是机动性好，不需要动力设备，不需要准备作业，架梁速度快。一般吊装能力为 150 ~ 1 000 kN。此方法适合于陆地架设。

5. 跨墩门式吊车架梁

跨墩龙门吊机安装适用于岸上和浅水滩以及不通航浅水区域安装预制梁。

两台跨墩龙门吊机分别设于待安装孔的前、后墩位置，预制梁由平车顺桥向运至安装孔的一侧，移动跨墩龙门吊机上的吊梁平车，对准梁的吊点放下吊架，将梁吊起。当梁底超过桥墩顶面后，停止提升，用卷扬机牵引吊梁平车慢慢横移，使梁对准桥墩上的支座，然后落梁就位，接着准备架设下一根梁。

在水深不超过 5 m、水流平缓、不通航的中小河流上的小桥孔，也可采用跨墩龙门吊机架梁。这时必须在水上桥墩的两侧架设龙门吊机轨道便桥，便桥基础可用木桩或钢筋混凝土桩。在水浅流缓而无冲刷的河上，也可用木笼或草袋筑岛来做便桥的基础。便桥的梁可用贝雷组拼。

6. 浮吊架设法

在海上和深水大河上修建桥梁时，用可回转的伸臂式浮吊架梁比较方便，也可用钢制万能杆件或贝雷钢架拼装固定的悬臂浮吊进行。这种架梁方法高空作业较少，施工比较安全，吊装能力也大，工效也高，但需要大型浮吊。鉴于浮吊船来回运梁航行时间长，要增加费用，一般采取用装梁船存梁后成批一起架设的方法。

浮吊架梁时需在岸边设置临时码头来移运预制梁。架梁时，浮吊要认真锚固。若流速不大，则可用预先抛入河中的混凝土锚来作为锚固点。

二、桥梁上部结构支架施工技术

（一）支架、拱架、模板的类型

1. 支架

支架按其构造分为立柱式支架、梁式支架和梁柱式支架；按材料可分为木支架、钢支架、钢木混合支架和万能杆件拼装的支架等。

（1）立柱式支架

立柱式支架构造简单，可用于陆地或不通航河道以及桥墩不高的小跨径桥梁施工。

（2）梁式支架

根据跨径不同，梁可采用工字钢、钢板梁或钢桁梁。

（3）梁柱式支架

当桥梁较高、跨径较大或必须在支架下设孔通航或排洪时可用梁柱式支架。

2. 拱架

拱架按结构分为支柱式、撑架式、扇形、桁式、组合式等；按材料分为木拱架、钢拱架、竹拱架和土牛拱胎。

3. 模板

施工所用模板，有组合钢模板、木模板、木胶合板模板、竹胶合板模板、硬铝模板、塑料模板、各类纤维材料板。施工时应根据结构物的外观要求选用。

（二）模板、支架和拱架的设计

1. 设计的一般要求

第一，模板、支架和拱架的设计应根据结构形式、设计跨径、施工组织设计、荷载大小、地基土类别及有关的设计、施工规范进行。

第二，应绘制模板、支架和拱架总装图、细部构造图。

第三，应制定模板、支架和拱架结构的安装、使用、拆卸保养等有关技术安全措施和注意事项。

第四，应编制模板、支架及拱架材料数量表。

第五，应编制模板、支架及拱架设计说明书。

2. 设计荷载

计算模板、支架和拱架荷载：①模板、支架和拱架自重；②新浇筑混凝土、钢筋混凝土或其他圬工结构物的重力；③施工人员和施工材料、机具等行走运输或堆放的荷载；④振捣混凝土时产生的荷载；⑤新浇筑混凝土对侧面模板的压力；⑥倾倒混凝土时产生的水平荷载；⑦其他可能产生的荷载，如雪荷载、冬季保温设施荷载等。

钢、木模板，支架及拱架的设计：按《公路钢结构桥梁设计规范》（JTG D64—2015）的有关规定执行。

计算模板、支架和拱架的强度和稳定性时：应考虑作用在模板、支架和拱架上的风力。设于水中的支架，尚应考虑水流压力、流冰压力和船只漂流物等冲击力荷载。

组合箱形拱：若为就地浇筑，其支架和拱架的设计荷载可只考虑承受拱肋重力及施工操作时的附加荷载。

3. 稳定性要求

第一，支架的立柱应保持稳定，并用撑拉杆固定。当验算模板及其支架在自重和风荷载等作用下的抗倾倒稳定时，验算倾覆的稳定系数不得小于 1.3。

第二，支架受压构件纵向弯曲系数应符合 JTG D64—2015 的要求。

4. 强度及刚度要求

（1）验算模板、支架及拱架的刚度

验算模板、支架及拱架的刚度时，其变形值不得超过下列数值：①结构表面外露的模板，挠度为模板构件跨度的 1/400；②结构表面隐蔽的模板，挠度为模板构件跨度的 1/250；③支架、拱架受载后挠曲的杆件（盖梁、纵梁），其弹性挠度为相应结构跨度的 1/400；④钢模板的面板变形为 1.5 mm；⑤钢模板的钢棱和柱箍变形为 $L/500$ 和 $B/500$（其中 L 为计算跨径，B 为柱宽）。

（2）受压杆件的长细比

受压杆件的长细比不得超过下列数值：主要受压杆件（立柱）的长细比为 100，次要受压杆件的长细比为 150。

（3）拱架各截面的应力验算

根据拱架结构形式及所承受的荷载，验算拱顶、拱脚及 1/4 跨各截面的应力、铁件及节点的应力，同时应验算分阶段浇筑或砌筑时的强度及稳定性。验算时不论板拱架或桁拱架均作为整体截面考虑，验算倾覆稳定系数不得小于 1.3。

（三）模板、支架和拱架的制作及安装

1. 钢模板制作

第一，钢模板宜采用标准化的组合模板。组合钢模板的拼装应符合现行国家标准《组合钢模板技术规范》（GB/T 50214—2013）。各种螺栓连接件应符合国家现行有关标准。

第二，钢模板及其配件应按批准的加工图加工，成品经检验确认合格后方可使用。

2. 木模板制作

木模可在工厂或施工现场制作，木模与混凝土接触的表面应平整、光滑，多次重复使用的木模应在内侧加钉薄铁皮。木模的接缝可做成平缝、搭接缝或企口缝。当采用平缝时，应采取措施防止漏浆。木模的转角处应加嵌条或做成斜角。

重复使用的模板应始终保持其表面平整、形状准确，不漏浆，有足够的强度和刚度。

3. 模板的选材

混凝土的模板板面应采用金属板、木制板及高分子合成材料面板、硬塑料或玻璃钢板等材料。外露面的模板板面宜采用钢模板、胶合板，为减少模板的拼缝，对于大面积的混凝土，其每块模板的面积宜大于 1.0 m²。梁及墩台帽的突出部分，应做成倒角或削边，以便脱模。在结构物的某些部位设置凸条或凹槽的装饰线。在模板内的金属连接件或锚固件，应按图纸规定及监理工程师的要求将其拆卸或截断，且不损伤混凝土。模

板内应无污物、砂浆及其他杂物。以后要拆除的模板，应在使用前彻底涂以脱模剂或其他相当的代用品，应使其易于脱模，并使混凝土不变色。

4. 模板安装的技术要求

第一，模板与钢筋安装工作应配合进行，妨碍绑扎钢筋的模板应待钢筋安装完毕后安设。模板不应与脚手架连接（模板与脚手架整体设计时除外），避免引起模板变形。

第二，安装侧模板时，应防止模板移位和凸出。基础侧模可在模板外设立支撑固定，墩、台、梁的侧模可设拉杆固定。浇筑在混凝土中的拉杆，应按拉杆拔出或不拔出的要求，采取相应的措施。对小型结构物，可使用金属线代替拉杆。

第三，模板安装完毕后，应对其平面位置、顶部标高、节点联系及纵、横向稳定性进行检查，签认后方可浇筑混凝土。浇筑时，发现模板有超过允许偏差变形值的可能时，应及时纠正。

第四，模板在安装过程中，必须设置防倾覆设施。

第五，当结构自重和汽车荷载（不计冲击力）产生的向下挠度超过跨径的 $1/1\ 600$ 时，钢筋混凝土梁、板的底模板应设预拱度，预拱度值应等于结构自重和 $1/2$ 汽车荷载（不计冲击力）所产生的挠度。纵向预拱度可做成抛物线或圆曲线。

第六，后张法预应力梁、板，应注意预应力、自重和汽车荷载等综合作用下所产生的上拱或下挠，应设置适当的预挠或预拱。

第七，当所有和模板有关的工作做完，待浇混凝土构件中所有预埋件亦安装完毕，才能浇筑混凝土。这些工作应包括清除模板中所有污物、碎屑物、木屑、水及其他杂物。

5. 支架、拱架制作安装

支架、拱架制作安装的要求如下。

第一，支架和拱架宜采用标准化、系列化、通用化的构件拼装。无论使用何种材料的支架和拱架，均应进行施工图设计，并验算其强度和稳定性。

第二，制作木支架、木拱架时，长杆件接头应尽量减少，两相邻立柱的连接接头应尽量分设在不同的水平面上。主要压力杆的纵向连接，应使用对接法,并用木夹板或铁夹板夹紧。次要构件的连接可用搭接法。

第三,安装拱架前,对拱架立柱和拱架支承面应详细检查,准确调整拱架支承面和顶部标高,并复测跨度,确认无误后方可进行安装。各片拱架在同一节点处的标高应尽量一致,以便于拼装平联杆件。在风力较大的地区,应设置风缆。

第四,支架和拱架应稳定、坚固,应能抵抗在施工过程中有可能发生的偶然冲撞和振动。安装时应注意以下几点:①支架立柱必须安装在有足够承载力的地基上,立柱底端应设垫木来分布和传递压力,并保证浇筑混凝土后不发生超过允许的沉降量。②施工用的脚手架和便桥,不应与结构的模板支架相连接,以避免施工振动时影响浇筑混凝土质量。③船只或汽车通行孔的两边支架应加设护桩,夜间应用灯光标明行驶方向。施工中易受漂流物冲撞的河中支架应设坚固的防护设备。

第五,支架或拱架安装完毕后,应对其平面位置、顶部标高、节点连接及纵、横向稳定性进行全面检查,符合要求后,方可进行下一工序。

第六,在浇筑混凝土及砌筑拱圈过程中,承包人应随时测量和记录支架和拱架的变形及沉降量。

第七,现浇混凝土的梁(板)结构,在支架架设后,应按图纸要求对支架进行预压,加在支架上的预压荷载应不小于梁(板)自重。

(四)模板、支架和拱架的拆除

承包人应在拟定拆模时间的 12 h 以前,报告拆模建议,并应取得同意。若由于拆模不当而引起混凝土损坏。卸落拱架时应用仪器观测拱圈挠度和墩台变位情况,并做好记录。

1. 拆除期限的原则规定

模板、支架和拱架的拆除期限应根据结构物特点、模板部位和混凝土所达到的强度来决定:①非承重侧模板应在混凝土强度能保证其表面及棱角不致因拆模而受损坏时方可拆除,一般应在混凝土抗压强度达到 2.5 MPa 时方可拆除侧模板。②芯模和预留孔道内模,应在混凝土强度能保证其表面不发生塌陷和裂缝现象时,方可拔除,拔除时间可按《公路桥涵施工技术规范》(JTG/T 3650—2020)的有关规定确定。③钢筋混凝土结构的承重模板、支架和拱架，应在混凝土强度能承受其自重力及其他可能的叠加荷载时，方可拆除。当构件跨度不大于 4 m 时，在混凝土强度符合设计强度标准值的 50% 的要求后，方可拆除；当构件跨度大于 4 m 时，在混凝土强度符合设计强度标准值的 75% 的要求后，方可拆除。若设计上对拆除承重模板、支架、拱架另有规定，应按照设计规定执行。

石拱桥的拱架卸落时间应符合下列要求：①浆砌石拱桥，须待砂浆强度达到设计要求，若设计无要求，则须达到砂浆强度的 70%。②跨径小于 10 m 的小拱桥，宜在拱上建筑全部完成后卸架；中等跨径的实腹式拱，宜在护拱砌完后卸架；大跨径空腹式拱，宜在拱上小拱横墙砌好（未砌小拱圈）时卸架。③当需要进行裸拱卸架时，应对裸拱进行截面强度及稳定性验算，并采取必要的稳定措施。

2. 拆除时的技术要求

第一，模板拆除应按设计的顺序进行，设计无规定时，应遵循先支后拆，后支先拆的顺序，拆时严禁抛扔。

第二，为便于支架和拱架的拆卸，应根据结构形式、承受的荷载大小及需要的卸落量，在支架和拱架适当部位设置相应的木楔、木马、砂筒或千斤顶等落模设备。

第三，卸落支架和拱架应按拟定的卸落程序进行，分几个循环卸完，卸落量开始宜小，以后逐渐增大。在纵向应对称均衡卸落，在横向应同时一起卸落。在拟定卸落程序时应注意以下几点：①在卸落前应在卸架设备上画好每次卸落量的标记。②满布式拱架卸落时，可从拱顶向拱脚依次循环卸落；拱式拱架可在两支座处同时均匀卸落。③简支梁、连续梁宜从跨中向支座依次循环卸落；悬臂梁应先卸挂梁及悬臂的支架，再卸无铰跨内的支架。④多孔拱桥卸架时，若桥墩允许承受单孔施工荷载，可单孔卸落，否则应多孔同时卸落，或各连续孔分阶段卸落。⑤卸落拱架时，应设专人用仪器观测拱圈挠度和墩台变化情况，并详细记录。另设专人观察是否有裂缝现象。

第四，墩、台模板宜在其上部结构施工前拆除。拆除模板，卸落支架和拱架时，不允许用猛烈地敲打和强扭等方法进行。

第五，模板、支架和拱架拆除后，应维修整理，分类妥善存放。

（五）施工工序

1. 地基处理

地基处理应根据箱梁的断面尺寸及支架的形式对地基的要求而决定，支架的跨径大，对地基的要求就高，地基的处理形式就得加强，反之就可相对减弱。地基处理时要做好地基的排水，防止雨水或混凝土浇筑和养护过程中滴水对地基的影响。

2. 支架

第一，支架的布置根据梁截面大小并通过计算确定以确保强度、刚度、稳定性满足要求，计算时除考虑梁体混凝土质量外，还需考虑模板及支架质量，施工荷载（人、料、机等），作用模板、支架上的风力，及其他可能产生的荷载（如雪荷载、保证设施荷载）等。

第二，支架应根据技术规范的要求进行预压，以收集支架、地基的变形数据。作为设置预拱度的依据，预拱度设置时要考虑张拉上拱的影响。预拱度一般按两次抛物线设置。

第三，支架的卸落设备可根据支架形式选择使用木楔、砂筒、千斤顶、U 形顶托等，卸落设备尤其要注意有足够的强度。

3. 模板

模板由底模、侧模及内模三个部分组成，一般预先分别制作成组件，在使用时再进行拼装。模板以钢模板为主，在齿板、堵头或棱角处采用木模板。模板的楞木采用方钢、槽钢或方木组成，布置间距以 75 cm 左右为宜，具体的布置需要根据箱梁截面尺寸确定，并通过计算对模板的强度、刚度进行验算。

4. 普通钢筋、预应力筋的布设

第一，在安装并调好底模及侧模后，开始底、腹板普遍钢筋绑扎及预应力管道的预设。混凝土一次浇筑时，在底、腹板钢筋及预应力管道完成后，安装内模，再绑扎顶板钢筋及预应力管道。混凝土二次浇筑时，底、腹板钢筋及预应力管道完成后，浇筑第一次混凝土，混凝土终凝后，再支内模顶板，绑扎顶板钢筋及预应力管道，进行混凝土的第二次浇筑。

第二，普通钢筋及预应力筋按规范的要求做好各种试验，严格按设计图纸的要求布设，对于腹板钢筋一般根据其起吊能力，预先焊成钢筋骨架，吊装后再绑扎或焊接成型，钢筋绑扎、焊接要符合技术规范的要求。

第三，预应力管道采用镀锌钢带制作，预应力管道的位置按设计要求准确布设，并采用每隔 50 cm 一道的定位筋进行固定，接头要平顺，外用胶布缠牢，在管道的高点设置排气孔。

第四，锚垫板安装前，要检查锚垫板的几何尺寸是否符合设计要求，锚垫板要牢固地安装在模板上。要使垫板与孔道严格对中，并与孔道端部垂直，不得错位。

第五，预应力筋的下料长度要通过计算确定，计算时应考虑孔道曲线长度，锚夹具长度，千斤顶长度及外露工作长度等因素。

第六，预应力筋穿束前要对孔道进行清理。

5. 混凝土的浇筑

浇筑施工前，应做混凝土的配合比设计及各种材料试验，并根据实际情况进行综合比较确定箱梁混凝土采用一次、两次或三次浇筑。以下两点施工中应给予重视。

第一，混凝土浇筑时要安排好浇筑顺序，其浇筑速度要确保下层混凝土初凝前覆盖上层混凝土。

第二，混凝土的振捣采用插入式振捣器进行，振捣器的移动间距不超过其作用半径的 1.5 倍，并插入下层混凝土 5 ~ 10 cm。对于每一个振捣部位，必须振捣到该部位混凝土密实为止，但也不得超振。

6. 预应力的张拉

第一，在进行张拉作业前，必须对千斤顶、油泵进行配套标定，并每隔一段时间进行一次校验。有几套张拉设备时，要进行编组，不同组号的设备不得混合。

第二，当梁体混凝土强度达到设计规定的张拉强度时，方可进行张拉。

第三，预应力的张拉采用双控，即以张拉力控制为主，以钢束的实际伸长量进行校核，实测伸长值与理论伸长值的误差不得超过规范要求，否则应停止张拉。

第四，张拉的程序按技术规范的要求进行。

第五，张拉过程中的断丝、滑丝不得超过规范或设计的规定。

7. 压浆、封锚

第一，张拉完成后要尽快进行孔道压浆和封锚，压浆所用灰浆的强度、稠度、水灰比、泌水率、膨胀剂剂量按施工技术规范及试验标准中要求控制。

第二，每个孔道压浆到最大压力后，应有一定的稳定时间。压浆应使孔道另一端饱满和出浆，并使排气孔排出与规定稠度相同的水泥浓浆为止。

第三，压浆完成后，应将锚具周围冲洗干净并凿毛，设置钢筋网，浇筑封锚混凝土。

第二节　预应力混凝土连续梁桥施工

一、桥梁上部结构逐孔施工技术

（一）逐孔施工法的类型

逐孔施工法从施工技术方面有三种类型。

1. 采用临时支承组拼预制节段逐孔施工

对于多跨长桥，在缺乏较大能力的起重设备时，可将每跨梁分成若干段，在预制现场生产；架设时采用一套支承梁临时承担组拼节段的自重，并在支承梁上张拉预应力筋，同时保证将安装跨的梁与完成的桥梁结构按照设计的要求连接，完成安装跨的架梁工作。随后移动临时支承梁，进行下一梁桥的施工。

2. 使用移动支架逐孔现浇施工

此法亦称移动模梁法，即在可移动的支架、模板上完成一孔桥梁的全部工序。由于此法是在桥位上现浇施工，可免去大型运输和吊装设备。使用此法建成的桥梁整体性好；同时，由于移动支架在桥梁预制厂生产，可提高机械设备的利用率和生产效率。

3. 采用整孔吊装或分段吊装逐孔施工

这种施工方法是早期连续梁桥采用逐孔施工的唯一方法，可用于混凝土连续梁和钢连续梁桥的施工中。

（二）用临时支承组拼预制节段逐孔施工的要点

1. 节段划分

（1）桥墩顶节段

由于桥墩节段要与前一跨连接，需要张拉钢索或钢索接长，为此对墩顶节段构造有一定要求。此外，在墩顶处桥梁的负弯矩较大，梁的截面还要符合受力要求。

（2）标准节段

前一跨墩顶节段与安装跨第一节段间可以设置就地浇筑混凝土封闭接缝，用以调整安装跨第一节段的准确程度。封闭接缝宽 15 ~ 20 cm，拼装时由混凝土垫块调整。在施加初预应力后用混凝土封填，这样可调整节段拼装和节段预制的误差。

2. 支承梁

（1）钢桁架导梁

钢梁应设置预拱度，要求当每跨箱梁节段全部组拼之后，钢导梁上弦应符合桥梁纵断面标高要求。同时还需准备一些附加垫片，用于临时调整标高。

（2）下挂式高架钢桁架

在节段组拼过程中，架桥机前臂必然下挠，安装桥跨第一块中间节段的挠度倾角调整是该跨架安设的关键，因此要求当一跨节段全部由架桥机空中吊起后，第一个中间节段与墩上节段的接触面应全部吻合。

（三）用移动支架逐孔现浇施工（移动模架法）

当桥墩较高，桥跨较长或桥下净空受到约束时，可以采用非落地支承的移动模架逐孔现浇施工，称为移动模架法。移动模架法适用于多跨长桥，桥梁跨径可达 50 m，使用一套设备可多次移动周转使用。

移动模架法施工的主要工序：侧模安装就位、安装底模、支座安装、预拱度设置与模板调整、绑扎底板及腹板钢筋、预应力系统安装、内模就位、顶板钢筋绑扎、箱梁混凝土浇筑、内模脱模、施加预应力、管道压浆、落模、拆底模及滑模纵移。

（四）整孔吊装或分段吊装逐孔施工

1. 整孔吊装或分段吊装逐孔施工的吊装的机具

吊装的机具有桁式吊、浮吊、龙门起重机，汽车吊等多种，可根据起吊物重力、桥梁所在的位置以及现有设备和掌握机具的熟练程度等因素决定。

2. 整孔吊装和分段吊装施工应注意的问题

整孔吊装和分段吊装施工应注意以下几个问题。

第一，采用分段组装逐孔施工的接头位置可以设在桥墩处也可设在梁的 1/5 附近，前者多为由简支梁逐孔施工连接成连续梁桥；后者多为悬臂梁转换为连续梁。在接头位置处可设有 0.5 ~ 0.6 m 现浇混凝土接缝，当混凝土达到足够强度后张拉预应力筋，完成连续。

第二，桥的横向是否分隔，主要根据起重能力和截面形式确定。当桥梁较宽，起重能力有限时，可以采用 T 梁或工字梁截面，分片架设之后再进行横向整体化。为了加强桥梁的横向刚度，常采用梁间翼缘板有 0.5 m 宽的现浇接头。采用大型浮吊横向整体吊装将会简化施工和加快安装速度。

第三，对于先简支后连续的施工方法，通常在简支梁架设时使用临时支座，待连接和张拉后期钢索完成连续时拆除临时支座，放置永久支座。为使临时支座便于卸落，可在橡胶支座与混凝土垫块之间设置一层硫黄砂浆。

第四，在梁的反弯点附近设置接头，在有可能的情况下，可在临时支架上进行接头。桥梁上部结构各截面的恒载内力根据各施工阶段进行内力叠加计算。

二、桥梁上部结构悬臂施工技术

（一）悬臂拼装施工

1. 概述

悬臂拼装施工包括块件的预制、运输、拼装及合龙。它与悬浇施工具有相同的优点，不同之处在于悬拼以吊机将预制好的梁段逐段拼装。此外还具备以下优点：①梁体的预制可与桥梁下部构造施工同时进行，平行作业缩短了建桥周期。②预制梁的混凝土龄期比悬浇法的长，从而减少了悬拼成梁后混凝土的收缩和徐变。③预制场或工厂化的梁段预制生产利于整体施工的质量控制。

2. 悬拼法施工方法

梁段预制方法分长线法及短线法。

（1）长线法

组成梁体的所有梁段均在固定台座上的活动模板内浇筑且相邻段的拼合面应相互贴合浇筑，缝面浇筑前涂抹隔离剂，以利脱模。长线法施工工序为：预制场、存梁区布置→梁段浇筑台座准备→梁段浇筑→梁段吊运存放、修整→梁段外运→梁段吊拼。

长线法的优点是由于台座固定、可靠，成桥后梁体线性较好；缺点是占地较大，地基要求坚实，混凝土的浇筑和养护移动分散。

（2）短线法

梁段在固定台座能纵移的模内浇筑。待浇梁段一端设固定模架，另一端为已浇梁段（配筑梁段），浇毕达到强度后运出原配筑梁段，如此周而复始，台座仅需 3 个梁段长。

短线法的优点是占用的场地较小，浇筑模板及设备基本不需要移机，可调的底、侧模便于平竖曲线梁段的预制；缺点是精度要求高，施工要求严，施工周期相对较长。

（二）梁段的拼接施工

1.0 号块梁段

为了确保连续梁分段悬拼施工的平衡和稳定，常将 T 构支座临时固结，必要时在墩两侧加设临时支架以满足悬拼的施工需要。

2. 1 号块梁段

1 号块梁段是紧邻 0 号块梁段两侧的第一箱梁节段，也是悬拼 T 构桥的基准梁段，是全跨安装质量的关键，一般采用湿接缝连接。湿接缝拼装梁段施工程序包括：吊机就位→提升、起吊 1 号块梁段→安设铁皮管→中线测量→丈量湿接缝的宽度→调整铁皮管→高程测量→检查中线→固定 1 号块梁段→安装湿接缝的模板→浇筑湿接缝混凝土→湿接缝养护、拆模→张拉预应力筋→下一梁段拼装。

3. 其他梁段拼装

采用胶接缝拼装，拼装施工程序包括：吊机就位→起吊梁段→初步定位试拼→检查并处理管道接头→移开梁段→穿临时预应力筋入孔→接缝面上涂胶接材料→正式定位、贴紧梁段→张拉临时预应力筋→放松起吊索→穿永久预应力筋→张拉预应力筋后移挂篮→下一梁段拼装。

（三）预制梁块悬臂拼装时应注意的要点

第一，梁段的存放场地应平整，承载力应满足要求，支垫位置应与吊点一致。

第二，预制梁块的测量。其要求如下：①箱梁基准块出坑前必须对所有梁块进行测量，详细记录，并根据其在桥上的设计位置进行校正；②箱梁标高控制点和挠度观测点，在箱梁顶面埋置 4 ～ 6 个；③在预制梁段上标出梁号、中轴线、横轴线。

第三，预制块件的悬臂拼装可依据设备和现场条件选用。若方便在陆地上或在便桥上施工时，可采用自行式吊车、门式吊车进行拼装；对于水中桥跨，可采用水上浮吊进行安装；对于高墩身的桥跨，可利用各种吊机进行高空悬拼施工。

第四，桥墩顶梁段及桥墩顶附近梁段施工时，可采用托架或膺架为支架就地浇筑混凝土。托架或膺架应经过设计，计算其弹性变形及非弹性变形。

第五，应保证拼装的第一个梁块（基准块）的预制精度，安装时应对纵、横轴线、高程进行精确定位测量，为以后的拼装创造条件。

第六，采用悬臂拼装法修建预应力悬臂梁桥时，应先将梁、墩临时锚固或在墩顶两侧设立临时支承，待全部块件安装完毕后，再撤除临时锚固或支承。

第七，采用悬臂吊机、缆索、浮吊悬拼安装时，应按施工荷载进行强度、刚度、稳定性验算，使安全系数大于 2.0。施工中还应注意：①块件起吊安装前，应对起吊设备进行全面的安全技术检查，并按照设计荷载的 60%、100% 和 130% 分别进行起吊试验。②吊机的最大承重能力应符合设计要求，应注意吊机的定位和锚固，经检查符合要求后再进行起吊拼装。③移动吊机前应将纵向主桁架上所有活动部件尽量移动到主桁架后端，然后方可松卸锚固螺栓。④桥墩两侧块件宜对称起吊，以保证桥墩两侧平衡受力。⑤移动吊机时应沿箱梁纵轴线对称地向两端推进。⑥墩侧相邻的 1 号块件提升到设计标高初步定位后，应立即测量、调整 1 号块件的纵轴线，使之与梁顶块件纵轴线的延伸线重合，使其横轴线与梁顶块件的横轴线平行且间距符合设计要求。应检查梁顶块件与 1 号块件间孔道的接头情况，调整并制作接缝间孔道接头后，方可将 1 号块件牢靠固定，其他各个块件连接时，均应按本条规定测量调整其位置。⑦应在施工前绘制主梁安装挠度变化曲线，悬臂拼装过程中应随时观测桥轴线安装挠度曲线的变化情况，并与设计值进行对比，遇有较大偏差时应及时处理，以便控制块件的安装高程。⑧吊机就位后须将支点垫稳，固定后锚螺栓，平车移动到起吊位置，进行下一块件的拼装。

第八，对于非 0 号、1 号块件的拼装，一般应在接缝上设置定位榫齿或钢定位器。

第九，采用胶接缝拼装的块件，涂胶前应就位试拼。胶黏剂一般采用环氧树脂，使用前应经过试验，符合设计要求方可使用。

第十，湿接缝块件应待混凝土强度达到设计强度等级的 70% 以上时（设计文件如有要求，则按设计文件要求处理，但不能低于设计强度等级的 70%），才能张拉预应力束。

第十一，体系转换应按设计顺序进行。

（四）悬臂浇筑施工法

悬臂浇筑施工法适用于大跨径的预应力混凝土悬臂梁桥、连续梁桥、T形刚构桥、连续刚构桥。其特点是无须建立落地支架，无须大型起重与运输机具，主要设备是一对能行走的挂篮。

1. 施工准备

（1）挂篮设计及加工

挂篮是悬浇箱梁的主要设备，它是沿着轨道行走的活动脚手架及模板支架。国内外现有的挂篮按结构形式可分为桁架式、三角斜拉带式，预应力束斜拉式、斜拉自锚式；按行走方式可分为滑移式和滚动式；按平衡方式可分为压重式和自锚式。对某一具体工程，应根据梁段分段情况，根据对挂篮的质量、要求承受荷载及施工经验对挂篮进行认真详细的设计。除必须满足强度、刚度、稳定性要求外，还要使其行走、锚固方便可靠，重量不超过设计规定。挂篮由主桁架、锚固、平衡系统及吊杆、纵横梁等部分组成，由工厂或现场根据挂篮设计图纸精心加工而成。挂篮试拼后，必须进行荷载试验。

（2）0号、1号块的施工

挂篮是利用已浇筑的箱梁段作为支撑点，通过桁架等主梁系统、底模系统，人为创造一个工作平台。对于0号、1号块挂篮没有支撑点或支撑长度不够，需采用其他方式浇筑。一般采用扇形托架浇筑。扇形托架可用万能杆件、贝雷片或其他装配式杆件组成，托架可支撑在桥墩基础承台上或墩身上。托架除须满足承重强度要求外，还须具有一定的刚度，各连续点应连接紧密，螺栓旋紧，以减少变形，防止梁段下沉和裂缝。

（3）临时固结

对于连续箱梁，梁与墩未固结在一起，施工时，两侧悬浇施工难以保持绝对平衡，必须在施工中采取临时固结措施，使梁具有抗弯能力。临时固结一般采用在支座两侧临时加预应力筋，梁和墩顶之间浇筑临时混凝土垫块。将梁固结在桥墩上，使梁具有一定的抗弯能力。在条件成熟时，再采用静态破碎方法，解除固结。

2. 悬臂浇筑施工中的注意要点

第一，主梁各部分的长度应充分考虑主梁的形式、跨径、墩宽、挂篮的形式以及施工周期来确定。0 号块梁段长度一般为 5 ~ 20 m，悬浇分段长度一般为 3 ~ 5 m。

第二，桥墩顶梁段及桥墩顶附近梁段施工时，可采用托架或膺架为支架就地浇筑混凝土。托架或膺架应经过设计，计算弹性变形及非弹性变形。

第三，在梁段混凝土浇筑前，应对挂篮（托架或膺架）、模板、预应力筋管道、钢筋、预埋件、混凝土材料、配合比、机械设备、混凝土接缝处理情况进行全面检查，经确认后方可浇筑。

第四，悬臂施工过程中，若梁身与墩身采用非刚性连接，为保证结构的稳定性，悬臂梁桥和连续梁桥应实施 0 号块梁段与桥墩间临时固结支承措施；对于刚性连接的 T 形刚构、连续刚构梁，因结构本身已具有一定的抗弯能力，可根据设计和施工要求在墩旁架设临时托架等方法进行施工。

第五，挂篮安装时应保证安全、稳定、可靠：①挂篮的主纵、横梁的分联和移动操作应特别精心，以防急剧的塌落和倾覆。②浇筑混凝土时，后端应锚固于已完成的梁段上，后锚和移动架可采取保险锚、保险索或保险手动葫芦等安全措施。③挂篮桁架在已完成的梁段上行走时，应于后端压重稳定。④挂篮桁架行走和浇筑混凝土时的稳定系数，均不得小于 1.50。⑤挂篮组拼后，应全面检查安装质量，并对挂篮进行试压，以消除结构的非弹性变形。挂篮试压的最大荷载一般可按最大悬浇梁段质量的 1.3 倍考虑。挂篮试压通常采用水箱加压法、试验台加压法及沙袋法。

第六，桥墩两侧梁段悬臂施工进度应对称、平衡，实际不平衡偏差不超过设计要求值。设计无要求时，其两端允许的不平衡质量最大不得超过一个梁段的底板自重。

第七，悬臂浇筑前端底板和桥面的标高，应根据挂篮前端的垂直变形及预拱度设置，施工过程中要对实际高程进行监测，如与设计值有较大出入时，应会同有关部门查明原因进行调整。

第八，安装模板后，应严格核准中心位置及标高、校正中线：①组装模板并校正中线，外模及框架的长度和高度应能适应各节段的变化。内模由侧模、顶模和内框架组成，应便于拆模和修改。②若上一节段施工后出现中线或高程误差需要调整时，应在模板安装时予以调整。③模板和前一节段的混凝土面应平整密贴。

第九，安装预应力预留管道时，应保证管道连接紧密、管道定位准确。放置预应力管道时要注意和前一段的管道连接接头严密对准，并用胶布包贴，防止灰浆渗入管道，还应设置足够的定位钢筋，以保证预留管道在浇筑混凝土过程中位置正确，线形和顺。纵向预应力管道用塑料波纹管时必须设置塑料内衬管，内衬管外径可比波纹管内径小 3 ~ 4 mm。定位钢筋的纵向水平间距不大于 100 cm，曲线段间距不大于 50 cm。

第十，挂篮行走前要测定已完成节段梁端标高，并定出箱梁中轴线。当解除挂篮的后锚固后，挂篮沿箱梁中轴线对称向两端，每前进 50 cm 做一次同步观测，防止挂篮转角、偏位造成挂篮受扭。

第十一，箱梁梁段混凝土浇筑，可视箱梁截面高度情况采用一次或二次浇筑法。无论采用何种方法浇筑，梁段自重误差应在 ±3% 范围内。采用一次浇筑法时，可在箱梁顶板中部留一窗口，以供浇筑底板混凝土，待浇好底板后立即补焊钢筋封洞，并同时浇筑肋板混凝土，最后浇筑顶板混凝土，一次完成。浇筑肋板混凝土时，两侧肋板应同时分层进行。浇筑顶板及翼板混凝土时，应从外侧向内侧一次完成，以防发生裂纹。采用两次浇筑法时，各梁段的施工应错开。箱梁分层浇筑时，底板可一次浇筑完成，腹板可分层浇筑，分层间隔时间宜控制在混凝土初凝之前且应使层与层覆盖住。为缩短两次浇筑混凝土的时间间隔，可一次支立外侧模，内侧模分次接高，内模接高应待底板混凝土达到一定强度后进行，同时做好钢筋的绑扎和预应力的定位、布设工作，然后浇筑肋板上段和顶板混凝土。其接缝除按施工缝要求进行处理外，还应采取如预埋型钢、预留凹槽等抗剪措施。此外，施工中还应注意：①检查钢筋、管道、预埋件的位置；②检查已浇混凝土表面的润湿情况；③浇筑时随时检查锚垫板的固定情况；④检查压浆管是否通畅牢固；⑤严密监视模板与挂篮变化情况，发现问题及时处理；⑥检查对称浇筑进度。

第十二，箱梁截面混凝土浇筑顺序应按设计要求进行，若设计无明确要求，一般应按下列顺序进行浇筑：①浇筑混凝土时，必须从悬臂端开始，两个悬臂端应对称均衡地进行浇筑；②浇筑混凝土时，应加强振捣，对于高箱梁混凝土施工，可采用内侧模开仓振捣；③在浇筑混凝土的同时应注意对预应力管道的保护，浇筑后应及时对管道清孔，以利穿束。

第十三，为提高混凝土早期强度，以加快施工速度，在设计混凝土配合比时，一般加入早强剂或减水剂。混凝土梁段浇筑周期一般为 5 ~ 7 d，为防止混凝土出现过大的收缩、徐变，应在配合比设计时按规范要求控制水泥用量。

第十四，梁段拆模后，应对梁端的混凝土表面进行凿毛处理，以加强接头混凝土的连接。悬浇梁段分次浇筑混凝土时，若处理不当，由于后浇筑混凝土的重力的影响会引起挂篮变形，导致先浇筑的混凝土开裂，因此应采取措施消除后浇筑混凝土引起的挂篮变形。

第十五，分期浇筑混凝土时，新旧混凝土的结合面应凿毛洗净，还应严格控制相邻两次混凝土浇筑的龄期差，一般在任何情况下不得大于 20 d，同时应控制水灰比，降低骨料温度，减少模板与混凝土间的摩阻力。

第十六，在每一梁段施工过程中出现大风预报应停止施工，并使两悬臂端不得出现不平衡荷载，且应确保挂篮的牢固性。

第十七，混凝土浇筑完毕后应进行养护，待养护达到设计强度的 75%，并经过孔道检查、修理管口弧度后，方可进行穿束、张拉、压浆和封锚等工作。

4. 施工中易出现的问题及预防措施

（1）箱梁腹板出现斜向裂缝

悬臂现浇混凝土箱梁拆模后张拉预应力索，腹板混凝土出现裂缝。一种是有规律地出现于与底板约呈 45° 的斜向裂缝。另一种为沿预应力索管方向的斜向裂缝，往往是靠近锚头处裂缝开展较宽，逐渐变窄而至消失。

原因分析：①出现与底板约呈 45° 斜向裂缝的原因极大可能是该区

域的主拉应力，超过了该处的预应力索和普通钢筋的抗剪力及混凝土的抗拉强度。也有可能是混凝土拆模时间过早，混凝土尚未达到其设计抗拉强度。②出现沿预应力索管方向的裂缝的原因往往是由于预应力索张拉时，索管及其周边混凝土受到较集中的压应力，由于柏松效应导致索管及其周边混凝土受到索管径向的巨大张力，若保护层混凝土不足以抵抗拉应力，则会在其最薄弱处开裂；混凝土未达到拆模、张拉的龄期或强度；腹板的非预应力普通钢筋网，钢筋间距较大，不能满足抗裂要求；施工临时荷载超载或在作用点产生过大的集中应力。

预防措施：悬臂现浇混凝土箱梁腹板斜向裂缝的出现往往是设计、施工、材料、工艺等综合因素作用的结果，原因比较复杂。但其中必然有一两个原因是主要的。为此，应针对不同的情况，采取相应的对策。

设计中的注意要点：①布置有弯起预应力筋部位，往往能有效地克服主拉应力。因此，在无弯起预应力筋部位应特别注意验算该部位的主拉应力，并布置相应的抗裂钢筋。②加密普通钢筋间距以增强抗裂性。必要时可在易发生斜向裂缝的区段，加设钢丝网片。③在预应力束张拉集中的近锚头区域，增设钢筋网片，提高抗压能力和分散集中力。④施工工况、工艺流程必须与设计相符。若有变更应立即与设计单位联系，核算无误后方可施工。⑤混凝土未到龄期或强度，不能拆除模板。为掌握混凝土的实际强度，可在浇筑混凝土时多制作几组混凝土试块，在不同龄期进行试验。

（2）箱梁拆模后在腹板与底板承托部位出现空洞、蜂窝、麻面

箱梁浇筑混凝土拆模后，在底板与腹板连接处的承托部位，部分腹板离底板1 m高范围内出现空洞、蜂窝、麻面。

原因分析：①箱梁腹板一般较高，厚度较薄，在底板与腹板连接部位钢筋较密，又布置有预应力筋，使得腹板混凝土浇筑时不易振实，也有漏振情况，易造成蜂窝。②若箱梁设置横隔板，一般会设预留入孔，浇筑混凝土时从预留入孔两边同时进料，易造成预留孔下部空气被封堵，形成空洞。③浇筑混凝土时，若气温较高，混凝土坍落度小，模板湿水不够，局部钢筋太密，振捣困难，易使混凝土出现蜂窝，不密实。④箱梁混凝土浇筑量较大，若供料不及时，易造成混凝土振捣困难，出现松

散或冷缝。⑤模板支撑不牢固，接缝不密贴，易发生漏浆、跑模，使混凝土产生蜂窝、麻面。⑥施工人员操作不熟练，振捣范围分工不明确，未能严格做到对相邻部位交叉振捣，从而发生漏振情况，使混凝土出现松散、蜂窝。

防治措施：①箱梁混凝土浇筑前应做好合理组织和分工，对操作人员进行技术交底，划分振捣范围，浇筑层次清楚，相互重复振捣长度应取 50 cm 左右，一边下料。②对设置横隔板的箱梁，混凝土要轮流从横隔板洞口一边下料，并从洞口下另一边振出混凝土，避免使空气封堵在洞口下部，这样就不易在洞口下部形成空洞。③合理组织混凝土供料，若采用商品混凝土，现场宜有临时备用搅拌设备，以便当商品混凝土因运输或其他原因带来供料中断时予以临时供料。④根据施工气温，合理调整混凝土坍落度和混凝土水灰比，当气温高时，应做好模板湿润工作。⑤当箱梁腹板较高时，模板上应预留入孔处，使得振捣棒可达到各部位。⑥对箱梁底板与腹板承托处及横隔板预留入孔处，应重点进行监护，确保混凝土浇筑质量。

第四章 桥梁下部结构施工技术

第一节 明挖基础施工

明挖基础是将基础底板设在直接承载地基上，来自上部结构的荷载通过基础底板直接传递给承载地基。其施工方法通常采用明挖方式进行，是一种直接敞坑开挖、就地浇筑的浅基础形式。由于其施工简便，造价低，因此只要在地质和水文条件许可的情况下，都应优先选用此种施工方法。

明挖基础适用于无水、少水或浅水河流处的基础工程，可采用人工开挖或机械开挖。明挖基础施工中，需重点解决的问题是敞坑边坡的稳定及开挖过程中的排水。

明挖基础适用于浅层土较坚实，且水流冲刷不严重的浅水地区。施工中坑壁的稳定性是必须特别注意的问题，由于它的构造简单，埋深小，施工容易，加上可以就地取材，造价低廉，因此被广泛用于中小桥涵及旱桥。

明挖基础也称扩大基础，是由块石或混凝土砌筑而成的大块实体基础。其埋置深度可较其他类型基础浅，故为浅基础。由于它的构造简单，所用材料不能承受较大的拉应力，故基础的厚宽比要足够大，使之形成所谓的刚性基础，受力时不致产生挠曲变形。为了节省材料，这类基础的立面往往砌成台阶形，平面根据墩台截面形状而采用矩形、圆形、T形或多边形等。建造这种基础时多用明挖基坑的方法施工。在陆地开挖基坑时，将视基坑深浅、土质好坏和地下水位高低等因素来判断是否采用坑壁支护结构——衬板或板桩。在水中开挖，则应先筑围堰。

明挖基础施工的主要内容包括基础的定位放样、基坑开挖、基坑排水、基底处理以及砌筑（浇筑）基础结构物等。

一、基础的定位放样

在基坑开挖前，应先进行基础的定位放样工作，以便正确地将设计图纸上的基础位置、形状和尺寸在实地标定出来，准确地设置到桥址上。放样工作是根据桥梁中心线与墩台的纵、横轴线，推出基础边线的定位点，再放线画出基坑的开挖范围。基坑各定位点的高程及开挖过程中的高程检查，一般采用水准测量的方法进行。

二、基坑开挖

基坑开挖的主要工作有挖掘、出土、支护、排水、防水、清底及回填等。施工时，应根据当地地质条件、水文条件、基坑开挖深度、开挖所采用的方法和机具等，采用不同的开挖工艺。

基坑在开挖前通常需完成下列准备工作：清理施工场地、排除地面水、修筑临时道路、敷设供电与供水管线、搭建临时设施、基坑放线等。施工场地的清理包括拆除房屋、古墓，拆迁或改建通信设备、电力设备、上下水道及其他建筑物，迁移树木等工作。场地内低洼地区的积水必须排除，同时应注意雨水的排除，使场地保持干燥，以便基坑开挖。

地面水的排除一般采用排水沟、截水沟、挡水土坝等设施。应尽量利用自然地形来设置排水沟，将水直接排至基坑外或流向低洼处，再用水泵抽走。主排水沟最好设置在施工区域的边缘或道路的两旁，其横断面和纵向坡度应根据最大流量确定。排水沟的横断面尺寸一般不小于 0.5 m × 0.5 m，纵向坡度一般不小于 3%。平坦地区若出水困难，其纵向坡度不应小于 2%，沼泽地区可降至 1%，在基坑开挖过程中，要注意保持排水沟畅通，必要时应设置涵洞。基坑开挖时应注意以下事项：①基坑开挖对邻近建筑物或临时设施有影响时，应提前采取安全防护措施。②基坑顶面应提前做好地面防水、排水设施。③基坑开挖时，不得采用局部开挖深坑或从底层向四周掏土。④基坑顶有动荷载时，坑口边缘与动荷载间的安全距离应根据基坑深度、坡度、地质和水文条件及动荷载大小等情况确定，且不应小于 1.0 m。⑤在土石松动地层或粉沙、细沙层中开挖基坑时，应先做好安全防护措施；当基坑开挖需要爆破时，应执行《爆破安全规程》（GB 6722—2014）中的有关规定；土质松软层基坑开挖时必须进行支护。⑥基坑开挖时，应观测坡面稳定情况。当发现坑沿顶面出现裂缝，坑壁松塌或遇涌水、涌沙时，应立即停止施工，加固处理后方可继续施工。

三、基坑排水

基坑若在地下水位以下，随着基坑的下挖，渗水将不断涌入基坑。施工过程中必须不断地排水，以保持基坑干燥，制造旱地施工条件，便于基坑挖土与基础的砌筑和养护。常用的基坑排水方法有表面排水、井点法降低地下水位、帷幕法排水。

（一）表面排水

表面排水是最简单，也是应用最普遍的基坑排水方法。在基坑整个开挖过程及基础砌筑和养护期间，在基坑四周开挖集水沟汇集坑壁及基底的渗水，将其引向一个或数个比集水沟更深的集水坑。集水沟和集水坑应设在基础范围以外。在基坑每次下挖以前，必须先挖集水沟和集水坑。集水坑的深度应大于抽水机吸水龙头的高度，以保证吸水龙头的正常工作。在吸水龙头上套竹筐围护，以防止土石堵塞龙头。

这种排水方法设备简单，费用低，适用于岩石及碎石类土，也适用于渗水量不大的黏性土基坑。由于抽水会引起流沙现象，造成基坑的破坏和坍塌，因此当地基土为饱和粉细沙土等粘聚力较小的细粒土层时，应避免采用表面排水法。

（二）井点法降低地下水位

井点法适用于地下水位较高、有承压水、挖基较深、坑壁不稳定的粉质土、粉沙类土、细沙类土土质基坑。根据使用设备的不同，井点主要有轻型井点、喷射井点、电渗井点和深井泵井点等多种类型，可根据土的渗透系数、要求降低水位的深度及工程特点选用。

轻型井点降水布置即在基坑开挖前预先在基坑四周打入（或沉入）若干根井点管，井点管下端 1.5 m 左右为过滤管，过滤管上钻有若干直径约 2 mm 的滤孔，外面用过滤层包扎。各个井点管用集水总管连接并抽水。井点管两侧一定范围内的水位逐渐下降，各井点管相互影响就形成了一个连续的疏干区。在整个施工过程中应保持不断抽水，以保证在基坑开挖和基础砌筑的整个过程中基坑始终保持无水状态。

轻型井点降水的特点是井点管范围内的地下水不从基坑四周边缘和底面流出，而是以相反的方向流向井点管，因此可以避免发生流沙和边坡坍塌现象，此外流水压力对土层还有一定的压密作用。在过滤管部分包有铜丝过滤网，以免带走过多的土粒而引发土层潜蚀现象。

（三）帷幕法排水

帷幕法是在基坑边线外设置一圈隔水幕，用以隔断水源，减少渗流水量，防止流沙、突涌、管涌、潜蚀等地下水的作用。其方法有深层搅拌桩隔水墙法、压力注浆法、高压喷射注浆法、冻结帷幕法等，采用时均应进行具体设计并符合有关规定。

四、基底检验及处理

（一）基底检验

基底检验的基础是隐蔽工程。基坑开挖至设计标高后，在基础浇筑前应按规定对基底进行检验，以确定其是否符合设计要求。

基底检验的主要内容包括检查基底的平面位置、尺寸大小、基底标高是否与原设计相符，检查基底地质情况和承载力是否与设计相符，检查基底处理及排水情况是否与施工设计规范相符。

（二）基底处理

天然地基上的浅基础直接靠基底土承受荷载，故基底土质状态的好坏对基础和墩台结构的影响极大。所以基底检验合格后，需要立即进行基底处理工作。

基底处理应根据地基土的种类、强度和密度，按照设计要求并结合现场情况，采取相应的处理方法。基底处理的范围至少应超出基础之外0.5 m。符合设计要求的细粒土、特殊土基底，修整妥善后应尽快修建基础，不得使基底浸水和长期暴露。

基底处理方法视基底土质而异，一般对细粒土及特殊土地基、粗粒土和巨粒土地基、岩层地基、多年冻土地基、溶洞地基、泉眼地基进行相应的基底处理。

五、基础圬工浇筑

基础砌筑可分为三种：无水砌筑、排水砌筑和水下灌注。为了方便施工和保证质量，基础砌筑应尽可能在干燥无水的状况下进行。当基坑渗漏很小时，可采用排水砌筑。只有当渗水量很大，排水困难时，才采用水下灌注混凝土的方法。基础圬工用料应在挖基完成前准备好，以保证及时砌筑基础，避免基底土质变差。

排水砌筑施工时，应确保在无水状态下砌筑圬工，禁止带水作业及用混凝土将水赶出模板外的灌注方法，基础边缘部分应严密隔水，水下部分圬工必须待水泥砂浆或混凝土终凝后才允许浸水。

基础圬工的水下灌注分为水下封底和水下直接灌注两种。

（一）水下混凝土封底再排水砌筑圬工

当坑壁有较好的防水设施（如钢板桩护壁等），但基坑渗漏严重时，可采用水下灌注混凝土封底的方法。待封底混凝土达到强度要求后排水，清除封底混凝土面浮浆，冲洗干净后再砌筑基础圬工。

水下封底混凝土应在基础底面以下。封底只能起封闭渗水的作用，封底混凝土只能作为地基，而不能作为基础。因此，封底混凝土不得侵占基础厚度。水下封底混凝土层的最小厚度由以下条件控制：当围堰作业已封底并抽干水后，板桩同封底混凝土组成一个浮筒，该浮筒的自重应能保证其不浮起；同时，封底混凝土作为周边简支的板，在基底面上水压力的作用下，不致因向上挠曲而折裂。封底混凝土的最小厚度一般为 2.0 m 左右。

（二）水下直接灌注混凝土

当今桥梁基础水下混凝土灌注施工中广泛采用的是直升导管法。混凝土经导管输送到坑底，并迅速将导管下端埋没。随后混凝土不断地被输送到被埋没的导管下端，从而迫使先前输送但尚未凝结的混凝土向上和向四周推移。随着基底混凝土的上升，导管也缓慢地向上提升，直至达到要求的封底厚度时停止灌入混凝土，并拔出导管。当封底面积较大时，宜用多根导管同时或逐根灌注，按先低处后高处、先周围后中部的次序并保持大致相同的标高进行，以保证混凝土充满基底全部范围。导管的有效作用半径依混凝土的坍落度大小和导管下口超压力的大小而异。

在正常情况下，所灌注的水下混凝土仅其表面与水接触，其他部分的灌注状态与空气中的灌注状态无异，从而保证了水下混凝土的质量。至于与水接触的表层混凝土，可在排干水外露时予以凿除。

采用直升导管法灌注水下混凝土时，应注意以下几个问题：①导管应试拼装，球塞应试验通过。施工时严格按试拼时的位置安装。导管试拼后，应封闭两端，充水加压，检查导管有无漏水现象。导管各节的长度不宜过大（一般为 1.0 ~ 2.0 m），连接应可靠而又便于装拆，以保证拆卸时中断灌注时间最短。②为使混凝土具有良好的流动性，粗集料粒径以 2 ~ 4 cm 为宜。坍落度应采用 18 ~ 20 cm，一般倾向于采用较大值。水泥用量比空气中同等级的混凝土增加 20%。③必须保证灌注工作的连续性，在任何情况下不得使灌注工作中断。在灌注过程中，应经常测量混凝土表面的标高，正确掌握导管的提升量。导管下端务必埋入混凝土内，埋入深度一般不应小于 0.5 m。④水下混凝土的流动半径，主要由混凝土的质量、水头的大小、灌注面积的大小、基底有无障碍物以及混凝土拌和机的生产能力等因素决定。通常流动半径在 3 ~ 4 m 范围内就能够保证封底混凝土的表面不会有较大的高差，并具有可靠的防水性。只要处理得当，就可以保证封底混凝土的防水性能。

浇筑基础时，应做好与台身、墩身的接缝连接，一般要求为：①对于混凝土基础与混凝土墩身、台身的接缝，周边应预埋直径不小于 16 mm 的钢筋或其他铁件，埋入与露出的长度不应小于钢筋直径的 20 倍。②对于混凝土或浆砌片石墩身、台身的接缝，应预埋片石。片石厚度不应小于 15 cm，片石的强度要求不低于基础或墩身、台身混凝土或砌体的强度。当墩台基础砌筑完毕后，应检验其质量和各部位尺寸是否符合设计要求。若无问题，即可进行基坑回填。基坑宜用原土或好土及时回填，每层回填厚度不大于 30 cm，并应分层夯实。

第二节 钻孔灌注桩基础施工

一、钻孔方法和机具设备

钻孔灌注桩施工的关键是钻孔。钻孔方法可归纳为如下三种类型。

（一）冲击法

用冲击钻机或卷扬机带动冲锥，借助锥头下落产生的冲击力，反复冲击、破碎土石或把土石挤入孔壁中，用泥浆浮起钻渣，或用抽渣筒、空气吸泥机将钻渣排出而形成钻孔。

（二）冲抓法

用冲抓锥靠自重产生冲击力，切入土层或破碎土层，叶瓣抓土、弃土以形成钻孔。

（三）旋转法

用钻机通过钻杆带动锥或钻头旋转切削土壤，用泥浆浮起钻渣并将其排出而形成钻孔。

二、钻孔灌注桩的施工工艺流程

钻孔灌注桩施工因成孔方法的不同和现场情况各异，施工工艺流程不会完全相同。在施工前要安排好施工计划，编制具体的工艺流程图，作为安排各工序施工操作和进度的依据。

当同时有几个桩位施工时，要注意相互间的配合，避免干扰，并尽可能做到均衡使用机具与劳动力，既要抓紧新钻孔的施工，又要做好已成桩的养护和质量检验工作。

钻孔灌注桩施工的主要工序包括：准备场地、埋设护筒、制备泥浆、钻孔、清底、钢筋笼制作与吊装以及灌注混凝土等。下面就上述主要工序进行简略介绍。

（一）准备场地

钻孔前要进行准备场地工作，其内容包括：①场地为旱地时，应清除杂物，换除软土，并整平、夯实。②场地为陡坡时，可用枕木、型钢等搭设工作平台。③场地为浅水时，宜采用筑岛施工，筑岛面积应根据钻孔方法、设备大小等确定。④场地为深水或淤泥较厚时，可搭设工作平台。平台必须牢固、稳定，能承受工作时所有的静、动荷载，并保证施工机械能安全进出。

若水流平稳，水位升降缓慢，全部工序可在船舶或浮箱上进行，但必须锚固稳定，桩位准确。若流速较大，但河床可以整理平顺，可采用钢桩或钢丝网水泥薄壁浮式沉井，就位后灌水下沉至河床，然后在其顶部搭设工作平台，在其底部安设护筒；在某些情况下，可在钢板桩围堰内搭设钻孔平台。

（二）埋设护筒

钻孔成功的关键是防止孔壁坍塌。当钻孔较深时，地下水位以下的孔壁土在静水压力下会向孔内坍塌，甚至发生流沙现象。钻孔内若能保持比地下水位高的水头，增加孔内静水压力，就能稳定孔壁，防止坍孔。护筒除可起到上述作用外，还有隔离地表水，保护孔口地面，固定桩孔位置和钻头导向等作用。

制作护筒的材料有木、钢、钢筋混凝土三种。护筒要求坚固耐用，不漏水，其内径应比钻孔直径大（比旋转钻约大 200 mm，比潜水钻、冲击锥或冲抓锥约大 400 mm），每节长度为 2 ~ 3 m。常用钢护筒，其在陆上与深水中均能使用，且钻孔完成后可拔出重复使用。使用钢护筒时，其底部和周围一定范围内应夯填黏土，借助黏土压力及其隔水作用保持护筒稳定，保护孔口地面。在深水中埋设护筒时，先打入导向架，再用锤击或振动加压沉入护筒，护筒入土深度应视土质与流速而定。护筒平面位置的偏差不得大于 50 mm，倾斜度不得大于 1%。

（三）制备泥浆

钻孔泥浆由水、黏土（膨润土）和添加剂组成，具有浮悬钻渣，冷却钻头，润滑钻具，增大静水压力，在孔壁上形成泥膜，隔断孔内外渗流，防止坍孔的作用。调制的钻孔泥浆及经过循环净化的泥浆，应根据钻孔方法和地层情况采用不同的性能指标。泥浆稠度应视地层变化或操作要求灵活掌握。泥浆太稀，则排渣能力弱，护壁效果差；泥浆太稠，则会削弱钻头的冲击功能，降低钻进速度。

通常采用塑性指数大于 25、粒径小于 0.002 mm、颗粒含量大于 50% 的黏土，通过泥浆搅料机或人工调和储存在泥浆池内，再用泥浆泵输入钻孔内。泥浆泵应有足够的流量，以免影响钻进速度。大直径深孔采用正循环旋转法施工时，泥浆泵应经过流量和泵压计算来选择。对孔深百米以内的钻孔，一般可采用不小于 2 MPa 的泵压。

（四）钻机就位

测量放样，在护筒周边放出桩位中心十字线。采用泵吸式反循环成孔工艺成孔，采用钻机本身的动力就位。开始之前注意桩的钻孔和开挖，应在中距 5 m 内的任何混凝土灌桩完成 24 h 后才能开始，以避免干扰邻桩或钻孔过程。钻孔开钻后要连续作业，根据钻孔和地质层合理选择钻进速度；遇地下水后开始向孔内注浆，孔内水头高度保证 2 m 以上。钻头使用三翼圆笼钻锥，用优质泥浆护壁，桩的钻孔应保证各桩之间无影响，成孔前应检查孔的中心位置、垂直度和泥浆指标，钻进过程中要经常检查孔径、垂直度、泥浆指标、垂直度和成孔速度。若有偏差，应及时调整，保证桩基的成孔质量。

（五）成孔

钻孔灌注混凝土桩的成孔方法至少有几十种。国内常用的方法如下。

1. 正循环旋转法

正循环旋转法利用钻具旋转切土体钻进，泥浆泵将泥浆压进泥浆龙头，泥浆通过钻杆中心从钻头处喷入钻孔内，然后挟带钻渣沿钻孔上升，从护筒顶部排浆孔排出至沉淀池。钻渣在此沉淀而泥浆流入泥浆池循环使用。正循环旋转法的特点是钻进与排渣同时连续进行，在适用的土层中钻进速度较快，但需设置泥浆槽、沉淀池等，施工占地面积较大，且机具设备较复杂。

2. 反循环旋转法

反循环旋转法与正循环旋转法不同的是，泥浆输入钻孔内，然后从钻头的钻杆下口吸进，通过钻杆中心排出至沉淀池内。其钻进与排渣效率较高，但接长钻杆时装卸麻烦，钻渣容易堵塞管路。另外，因泥浆从上向下流动，孔壁坍塌的可能性较正循环旋转法大，为此需用较高质量的泥浆。

3. 潜水电钻法

潜水电钻法将系统旋转电动机及变速装置均经密封后安装在钻头与钻杆之间，潜入水下作业。其特点是钻具简单轻便，易于搬运，噪声小，钻孔效率较高，操作条件也有所改善。但钻机在水中工作时较易发生故障。

4. 冲抓锥法

冲抓锥不需钻杆，钻进与提锥卸土均较推钻快。由于锥瓣下落时对土层有一股冲击力，故适用的土质较广。但该法不能钻斜孔；钻孔深度超过 20 m 后，其钻孔进度大为降低；当孔内遇到漂石或探头石时，冲抓较困难，需改用冲击锥钻进。

5. 冲击锥法

冲击锥法适用于各类土层。实心锥适用于漂、卵石和软岩层，空心锥（管锥）适用于其他土层。在冲击锥下冲时，部分钻渣被挤入孔壁，可起到加强孔壁并增加土层与桩间侧摩阻力的作用。但该法不能钻斜孔；钻普通土层时，进度比其他方法都慢；钻大直径孔时，需采用先钻小孔而后逐步扩孔的方法（分级扩孔法）。

（六）终孔检查与孔底清理

钻孔的深度、直径、位置和孔形直接关系到成桩质量与桩身曲直。因此，除了钻孔过程中进行密切观测监督外，在钻孔达到设计要求深度后，应对孔深、孔位、孔形、孔径等进行检查。确认满足设计要求后，填写终孔检查记录表。

清孔方法视使用的钻机不同而灵活选用，通常可采用正循环旋转法、反循环旋转法、真空吸泥机以及抽渣筒等清孔。

（七）钢筋骨架的制作、安装、入孔、固定

钢筋骨架采用在场内制作,现场安装分节成形(预留接头钢筋长度),现场用吊车吊起,分节入孔的方法施工。施工中骨架第一节入孔后,用支撑杆固定骨架于井口中心位置,吊起另一节骨架与第一节骨架相接,接头采用电弧焊以单面焊的工艺进行焊接。采用几台电焊机同时搭接单面焊,以减少混凝土浇筑前焊接所占用的时间。放钢筋骨架前,先在孔口加设4根导向钢管,以保证钢筋骨架在吊装过程中尽量对中,不伤孔壁及控制保护层厚度。钢筋骨架就位后,采取四点固定,以防止掉笼和混凝土浇筑时骨架上浮现象发生。支撑系统对准中线以防止钢筋骨架倾斜和移动。在钢筋骨架上焊接控制钢筋骨架与孔壁净距的护壁筋,以确保钢筋骨架在孔中的位置、保护层的厚度。钢筋骨架在孔内的高度位置用引笼拉筋固定在孔口位置的方式进行控制。

（八）灌注钻孔桩水下混凝土

采用导管直升法灌注水下混凝土。

1. 导管的形式和连接方法

导管直径为 300 ~ 400 mm,壁厚 4 ~ 6 mm,中段每节长 2 000 mm,底节做成 6 000 ~ 8 000 mm 长,其余节段用 1 000 mm 及 500 mm 的管节找零,导管之间采用法兰连接。吊装之前应将导管连接,做水密性试验和接头承拉试验,保证连接紧密、不漏水。入孔时导管尽量位于孔口中央,导管底端至孔底面距离约为 400 mm,且导管要进行升降试验,保证不碰撞钢筋骨架。

2. 灌注水下混凝土

钢筋骨架入孔校正完毕,导管入孔固定后,经监理工程师验收钢筋工序、孔内沉淀层厚度及泥浆指标后,开始浇筑孔内水下混凝土。

浇筑混凝土前再次检测孔底沉淀层厚度,若大于规范要求,应再次抽渣清孔;混凝土拌合物运至灌注地点时,检查和易性和坍落度,符合要求后方可使用;灌注不得间断。灌注首批混凝土后,导管埋入混凝土中的深度不小于 1 m。随着混凝土的不断灌注,不断提升导管,始终保持导管在混凝土中的埋置深度为 4 ~ 6 m,灌注的桩顶高程高出设计高程 0.5 ~

1.0 m。灌注过程中应经常量测孔内混凝土面层的高程，及时调整导管排泄端与混凝土表面的相对位置，并始终严密监视导管在无空气和水进入状态下的填充情况。灌注混凝土时溢出的泥浆应引流至适当地点处理，以防污染。混凝土应连续灌注直至灌注到设计的混凝土顶面，以保证截切面以下的全部混凝土具有优良质量。

三、钻孔灌注桩基础施工注意事项

第一，钻孔机械就位后，应对钻机及配套设备进行全面检查。

第二，钻机安设必须平稳、牢固，钻架应加设斜撑或缆风绳。

第三，冲击钻孔时，选用的钻锥、卷扬机和钢丝绳等应配置适当；钢丝绳与钻锥用绳卡固接时，绳卡数量应与钢丝绳直径相匹配。

第四，冲击过程中，钢丝绳的松弛度应适宜。正、反循环旋转钻机及潜水钻机使用的电缆线要定期检查，接头必须绑扎牢固，确保不漏水、不漏电；对经常处于水、浆浸泡处应架空搭设。

第五，挪移钻机时，不得挤压电缆线及风水管路。潜水钻机钻孔时，一般在完成一根钻孔桩后要检查一次电动机的封闭状况。钻进速度应根据地质变化加以调整，以保证安全运转。

第六，采用冲抓或冲击钻孔，当钻头提到接近护筒底缘时，应减速、平稳提升，不得碰撞护筒和钩挂护筒底缘。

第七，钻孔使用的泥浆宜设置泥浆净化系统，并注意防止或减少环境污染。

第八，钻机停钻后，必须将钻头提出孔外置于钻架上，不得滞留孔内。

第九，对于已埋设护筒但尚未开钻，或已成桩护筒尚未拔除的灌注桩，应加设护筒顶盖或铺设安全网遮罩。

四、挖孔灌注混凝土桩

挖孔灌注混凝土桩是用人工和小型爆破，配合简单工具挖掘成孔，灌注混凝土形成桩基，适用于无水或水较少的较实的各类土层。桩径（或边长）不宜小于 1.2 m，孔深一般不宜超过 20 m。在实际施工中，挖孔桩有一定的适用范围，其特点是投资少，进度快，可多点同步作业且所需机具设备少，成孔后可直接检查孔内土质状况，基桩质量有可靠保证。对于挖深过大（超过 15 ~ 20 m），或孔壁可能坍塌及渗水量稍大等情况，应慎重选择施工工艺，增加护壁措施，改善通风条件，以确保施工安全。

第三节　沉井基础施工

在修建负荷较大的建筑结构物时，其基础应该坐落在坚固、有足够承载力的土层上。当这类土层较深，采用天然基础和桩基础受水文地质条件限制时，需用一种就位后上、下开口封闭的结构物来承受上部结构的荷载，这种结构物被称为沉井。

沉井是用混凝土或钢筋混凝土制成的井筒（下有刃脚，以利于下沉和封底）结构物。施工时，先按基础的外形尺寸在基础的设计位置上制造井筒，然后在井内挖土，使井筒在自重（有时需配重）作用下克服土的摩阻力缓慢下沉。当第一节井筒顶下沉接近地面时，再接第二节井筒，继续挖土。如此循环，直至下沉到设计高程。最后浇筑封底混凝土，用混凝土或砂砾石充填井孔，在井筒顶部浇筑钢筋混凝土顶板，即形成深埋的实体基础。

一、沉井基础

沉井基础既是结构基础，又是施工时的挡土、防水围堰结构物。其埋深大，整体性强，稳定性好，刚度大，能承受较大的上部荷载，且施工设备和施工技术简单，节约场地，所需净空高度小。沉井可在墩位筑岛制造，井内取土后靠自重下沉，也可采用辅助下沉措施，如采用泥浆润滑套、空气幕等方法，以减小下沉时井壁摩阻力和井壁厚度等。刃脚在井壁最下端，形如刀刃，在沉井下沉时起切入土中的作用。井筒是沉井的外壁，在下沉过程中起挡土的作用。沉井下沉过程中，需要有足够的重量克服筒壁与土之间的摩阻力及刃脚底部的土阻力，使沉井能在自重作用下逐步下沉。

沉井基础施工内容如下。

（一）沉井制作

沉井制作方案应根据沉井施工方法确定。在沉井施工前，应详细掌握沉井入土地层及其地基岩石地质资料，并依次制订沉井下沉方案；对洪汛、凌汛、河床冲刷、通航及漂浮物等做好调查研究，并制定必要的安全技术措施，以确保沉井下沉。

沉井制作可分为就地制作沉井、浮式沉井和泥浆润滑套沉井三种方案。

1. 就地制作沉井

沉井位于浅水或可能被水淹没的岸滩时，宜采用筑岛沉井；位于无被水淹没可能的岸滩上时，可就地整平夯实制作沉井；在地下水位较低的岸滩，土质较好时可开挖基坑制作沉井。就地制作沉井的方法分为干旱滩岸沉井浇筑法和水中筑岛沉井浇筑法两种。

干旱滩岸沉井浇筑法就是墩台基础位于干旱地而制作沉井，施工时沉井就地下沉。若土质松软，应在进行场地平整并夯实后，在其上铺垫300 ~ 500 mm 的砂垫层，并铺以垫木，垫木之间用砂填平，不允许在垫木下垫塞木块、石块来调整顶面高程，以防压重（也称配重）后产生不均匀沉降。

水中筑岛沉井浇筑法适用于水深 3 ~ 4 m、流速较小的情况，围堰筑岛时，其岛面、平台面和坑底高程应比施工时的最高水位高出 500 ~ 700 mm，当有浮冰时还应适当加高。底层沉井的制作工序包括场地平整夯实，铺设垫木，立沉井模板及支撑，钢筋焊接，浇筑混凝土等。

在支垫上立模制作沉井时，应符合下列要求：①支垫布置应满足设计要求，应抽垫方便。②支垫顶面应与钢刃脚底面紧贴，使沉井重力均匀分布于各支垫上。③模板及支撑应具有足够的强度和较好的刚性。内隔墙与井壁连接处的支垫应连成整体，底模应支承于支垫上，以防不均匀沉陷；外模与混凝土面贴接一侧应平直、光滑。

刃脚部分采用土模制作时，应符合下列要求：①刃脚部分的外模应能承受井壁混凝土的重力在刃脚斜面上产生的水平分力；土模顶面的承载力应满足设计要求，一般宜填筑至沉井隔墙底面。②土模表面及刃脚底面的地面上均应铺筑一层 20 ~ 30 mm 的水泥砂浆，砂浆层表面应涂隔离剂。③应有良好的防水、排水设施。

由于沉井为分节制作，分节沉入土中，故其分节制作的高度应既能保证其稳定，又能产生重力下沉的作用。因此，底节沉井的最小高度应能抵抗拆除垫木或挖去土模（当刃脚为土模时）时的竖向挠曲强度。当挖土条件许可时应尽量高，一般情况下每节高度不宜小于 3 m，并应处理好接缝。在沉井接高时，注意使各节沉井的竖向中轴线与第一节沉井重合，且外壁应竖直、平整。

2. 浮式沉井

浮式沉井是把沉井底节制造成空体结构，或采取其他方法使之漂浮于水中，用船只拖运到设计位置后逐步用混凝土或水灌注，增大自重，使其在水中徐徐下沉直达河底——这种方法适用于水深流急、筑岛困难的沉井基础。

（1）钢丝网水泥薄壁沉井

钢丝网水泥薄壁由骨架、钢丝网、钢筋网和水泥砂浆等组成，由 30 mm 钢丝水泥薄壁隔成空腹壳体，入水后能浮于水中；浮运就位后向空腹壳体内灌水，使之下沉落于河床上，再逐格对称地灌注水下混凝土，从而使薄壁空腹沉井变成普通的重力式沉井。钢丝网水泥薄壁沉井由于钢丝网均匀分布在砂浆中，增加了砂浆的内聚力和握裹力，从而提高了砂浆的抗拉强度和韧性，使钢丝网水泥薄壁具有很大的弹性和抗裂性，并能抵抗一定程度的冲击。它具有薄而轻的结构，有足够强度和刚度，节省材料，操作简单，可多点平行施工作业且施工时无须模板，可节省模板和支撑等特点。当河流宽度超过 200 m 时，可采取半通航措施，用钢丝绳牵引沉井入水，因而浮运就位方法简单，设备简便。

钢丝网水泥薄壁沉井的制作程序：①预制场地的选择。为了保证浮式沉井安全地进行水上浮运，预制场地的选择应结合水下方案综合考虑。②刃脚踏面大角钢成形。成形可在弯曲机上进行，也可人工弯曲成形，但应注意掌握角钢的翘曲变形，并随时整平。③沉井骨架的架设。沉井骨架是由刃脚踏面角钢、竖面骨架角钢与内外箍筋焊接而成。首先焊接刃脚踏面，其次架设竖面骨架，待其就位后，用支撑、缆绳予以临时固定，正位后即可加箍筋焊成整体沉井骨架。为了增强角钢刚度，在横隔板及横撑骨架间设置刃脚加撑骨架。④铺网。铺网工作是沉井制作的关键，要求铺网平整，否则会产生波浪形甚至高低不平，造成抹灰砂浆保护层厚薄不均，使沉井受力不利。铺网时内、外井壁和刃脚部分同时进行。铺刃脚钢丝网时，由刃脚斜面向刃脚立面铺设；铺井壁钢丝网时，由上至下铺设，首先铺内层钢丝网，其次铺纵筋，接着铺横筋，最后铺外层钢丝网。⑤抹水泥砂浆。当铺网工作结束后，即可进行抹灰作业。抹灰所用水泥宜采用强度等级不小于 42.5 的普通硅酸盐水泥，砂宜采用粗砂或中砂；水泥与砂的配比为 1：1.5，水灰比为 0.4。抹灰时由下向上进行：先将砂浆从沉井腔内用力向外挤压，直到透过外层钢丝网为止；待砂浆初凝后再抹腔外，并将沉井外壁的外缘面抹光。

（2）钢筋混凝土薄壁沉井

钢筋混凝土薄壁沉井的内、外井壁及隔墙均采用钢筋混凝土薄壁轻型结构，具有良好的强度和刚度，刃脚也具有足够抵抗侧土压力的强度。

（3）装配式钢筋混凝土薄壁沉井

装配式钢筋混凝土薄壁沉井是近年来采用的一种深水墩基础形式。其沉井分层依次叠装，然后浇筑水下混凝土形成井壁，最后抽水、清基、填芯而成。基本构件由纵贯上下的梯形导杆（4 根）、每层 1 m 的井壳（圆头 2 块、直线段 2 块）和与井壳等高的支撑梁壳（4 块）装配而成。

3. 泥浆润滑套沉井

泥浆润滑套沉井是在沉井外壁与土层间设置泥浆隔离层，以减小土体与井壁间的摩擦力，从而可减轻沉井自重，加大下沉速度，提高下沉效率。泥浆润滑套沉井刃脚踏面宽度宜小于 100 mm，以利于减小下沉时的摩阻力。沉井外壁应做成单台阶形，为防止泥浆通过沉井侧壁而渗透到沉井内，对直径小于 8 m 的圆形沉井，台阶位置应在距刃脚底面 2～3 m 处；对面积较大的沉井，台阶位置在底节与第二节接缝处。台阶的宽度应为泥浆套宽度，一般为 100～200 mm。

二、沉井下沉

沉井下沉指通过井内除土，清除刃脚正面阻力和沉井内壁阻力后，依靠沉井自重下沉。井内除土方式有排水开挖和不排水开挖。在稳定的土层中，当渗水量不大时，可采用排水开挖使沉井下沉。在有涌水翻砂而不宜采用排水下沉的地层，应采用不排水开挖。不排水开挖采用抓土、吸泥等方法使沉井下沉，必要时辅以其他措施，如压重，高压射水，降低井内水位而减小浮力以增加沉井自重，以及采用泥浆润滑套等方法。

（一）拆除垫木

抽垫工作是沉井下沉的开始工作，也是整个沉井下沉工作中极为重要的工序之一。拆除垫木必须在沉井混凝土达到设计强度等级后方可进行。

第一，抽垫应分区、依次、对称、同步进行。

第二，应将井孔内的所有杂物清除干净，准备工作全部就绪后，方可进行抽垫。

第三，抽垫时，先挖垫木下的填砂，再抽垫木，垫木宜从外侧抽出。垫木抽出后，应回填土，开始几组可不作回填，当抽出几组垫木出现空当后，即应回填。回填材料可用砂、砂夹碎石。回填时应分层洒水夯实，每层厚度为 200 ~ 300 mm，但回填料不允许从沉井内或筑岛材料中获取，以防沉井歪斜。回填高度应以最后分配给定位垫木的重量不致压断垫木，以及垫木下土体承压应力不超过岛面极限承压应力为准，必要时可加大回填高度，甚至在隔墙下进行回填，以满足要求。

第四，抽垫时定位垫木的位置应按设计确定。若设计无规定，则对于圆形沉井，应安排在周边相隔 90° 的 4 个支点上；对于矩形沉井，应对称布置在长边，每边两个。

第五，当抽垫至垫木的 2/3 时，沉井下沉较为均匀，下沉量小，回填时间较为充裕，便于较好地抽垫和回填。当继续抽垫时，下沉量逐步加大，回填也较困难，甚至会出现下沉太快以致回填时间不足，造成垫木压坏或间断的情况。因此，抽垫开始阶段宜缓慢进行，以便有足够的时间充分回填夯实，力求尽量改变最后阶段下沉快、沉降量大、断垫等现象。

（二）井内除土

1. 排水开挖下沉

在稳定的土层中，渗水量不大（每平方米沉井面积的渗水量小于 1 m³/h）时，可采用排水开挖下沉。从地面或岛面开始挖土下沉时，应将抽垫时在刃脚内侧的回填土分层挖去。其开挖顺序原则上与抽垫顺序相同，定位承垫处的土最后挖除。当一层全部挖完后，再挖第二层，如此循环往复。开挖的方法如下。当土质松软时，分层挖除回填土，沉井逐渐下沉。当沉井刃脚下沉至沉井中部与土面大致平齐时，即可在中部先向下开挖 400 ~ 500 mm，并向四周均匀开挖；距刃脚约 1 m 处时，再分层挖除刃脚内侧的土台。当土质较坚实时，可从中部向下开挖 400 ~ 500 mm，并向四周均匀扩挖，使沉井平稳下沉。当土质坚硬时，可按抽垫顺序分段掏空刃脚。每段掏空后随即回填砂砾，待最后几段掏空并回填后，再分层分次序地逐步挖去回填土，使沉井下沉至岩层。

开挖刃脚下的土体时，可采用跳槽法，即将刃脚周长等分为若干段，每段长约 1 m，先隔一段挖一段，然后挖去剩余各段，最后挖定位承垫处的岩石。开挖时，下沉速度应根据沉井大小、入土深度、地层情况而定。一般而言，平均下沉速度为 0.5 ~ 1.0 m/d。

2. 不排水开挖下沉

不排水开挖下沉的基本要求为：①沉井内除土深度应根据土质而定，最深不应低于刃脚 2 m；土质特别松软时，不应直接在刃脚下除土。②应尽量加大刃脚对土的压力。当沉井通过粉沙、细沙等松软地层时，不宜以降低沉井内水位从而减小浮力的方法来促使沉井下沉，应保持沉井内水位高于沉井外水位 1 ~ 2 m，以防止流沙现象的发生，其会引起沉井歪斜，增加吸泥工作量。③除纠正沉井倾斜外，沉井各孔内的土应均匀清除，土面高差不应超过 500 mm。④当沉井入土较深，井壁阻力较大时，应根据具体情况采取有效的下沉方法，如采取抓土、吸泥、射水交替联合作业。必要时还需辅以降低沉井内水位，在沉井底放炮震动，或用在沉井顶压重的方法，使沉井下沉至设计高程。

不排水开挖下沉时常采用抓土下沉法。单孔沉井时，抓斗挖掘井底中央部分的土，形成锅底状。

在沙或砾石类土体中，一般当锅底比刃脚低 1 ~ 1.5 m 时，沉井即可靠自重下沉，并将刃脚下的土挤向中央锅底；在黏性土中，由于四周土不易向锅底坍落，应辅以高压水松土。多孔沉井时，最好在每个井孔上配置一套抓土设备，以同时均匀除土，减少抓斗倒孔时间，使沉井均匀下沉。

为了使抓斗能在沉井孔内靠边的位置上抓土，需在沉井顶面井孔周围预埋挂钩。偏抓时，先将抓斗落至孔底，再将钢丝绳挂在井孔周边的挂钩上进行抓土，如此就可以达到偏抓的目的。

（三）辅助下沉措施

1. 高压射水

当局部地点难以由潜水员定点、定向射水掌握操作时，在一个沉井内只可同时开动一套射水设备，并不得进行除土或其他起吊作业。射水水压应根据地层情况、沉井入土深度等因素确定，一般可取 1 ~ 2.5 MPa。

2. 抽水助沉

不排水下沉的沉井，对于易引起翻砂、涌水的地层，不宜采用抽水助沉方法。

3. 压重助沉

沉井圬工尚未接高浇筑完毕时，可利用接高浇筑圬工压重助沉，也可在井壁顶部用钢铁块件或其他重物压重助沉。采用压重助沉时，应结合具体情况及实际效果选用。

4. 炮震助沉

一般不宜采用炮震助沉方法。在特殊情况下必须采用时，应严格控制用药量。在井孔中央底面放置炸药起爆助沉时，可采用 0.1 ~ 0.2 kg 炸药，具体使用应视沉井大小、井壁厚度及炸药性能而定。同一沉井每次只能起爆一次，并应根据具体情况适当控制炮震次数。

（四）沉井接高

接高上节沉井模板时，不得直接支撑于地面。接高时应均匀加重，防止沉井突然下沉和倾斜。接高后的各节沉井的中轴线应为一直线。混凝土施工接缝应按设计要求布置接缝钢筋，清除浮浆并凿毛。

第一，沉井接高前，应尽量纠正倾斜，接高各节的竖向中轴线应与前一节的中轴线重合。

第二，水上沉井接高时，井顶露出水面不应小于 1.5 m；地面上沉井接高时，井顶露出地面不应小于 0.5 m。

第三，接高前不得将刃脚掏空，避免沉井倾斜，接高加重应均匀、对称地进行。

第四，沉井下沉时，若需在沉井顶部设置防水或防土围堰，围堰底部与井顶应连接牢固，防止沉井下沉时围堰与井顶脱离。

（五）沉井纠偏

第一，纠偏前应分析原因，然后采取相应措施，若有障碍物应首先清除。

第二，纠正倾斜时，一般可采取除土、压重、顶部施加水平力或刃脚下支垫等方法进行。

第三，纠正位移时，可先除土，使沉井底面中心向墩位设计中心倾斜，然后在对侧除土使沉井恢复竖直。如此反复进行，使沉井逐步接近设计中心。

第四，纠正扭转时，可在一对角线的两角除土，在另外两角填土。借助于刃脚下不相等的土压力所形成的扭矩，可使沉井在下沉过程中逐步纠正其扭转角度。

三、沉井清基和封底

（一）沉井清基

沉井清基指沉井下沉到位后，清除基底的松散土层及杂质，以保证封底混凝土直接支承在持力土层上。

第一，沉井下沉至设计高程后，基底面地质应符合设计要求。若有不符需作处理，应征得设计单位同意，必要时取样鉴定。

第二，清理后的基底面距隔墙底面的高度及刃脚斜面露出的高度，必须满足设计要求的最小高度。

第三，基底浮泥或岩面残存物均应清除，保证封底混凝土与基底间不产生有害夹层。

第四，隔墙底部及封底混凝土高度范围内井壁上的泥污应予以清除。

（二）沉井清基方法

1. 排水清基

排水清基时，施工人员可进入井底施工。排水清基的操作比较简单，主要问题是防止沉井在清基时倾斜，处理从刃脚下涌入井内的流沙等。

2. 不排水清基

不排水清基可采用高压射水将刃脚及隔墙下的土破坏，然后用吸泥机除渣。高压射水一般使用直径为 75 ~ 86 mm 的钢管，下端配有单孔锥型射水嘴，出水孔直径为 13 ~ 20 mm。沉井沉至设计高程后，应检验基底的地质情况是否与设计相符。排水下沉时可直接检验、处理；不排水下沉时应进行水下检验、处理，必要时需取样鉴定。

（三）封底

基底检验合格后，应及时封底。对于排水下沉的沉井，在清基时若渗水量上升速度小于或等于 6 mm/min，可按普通混凝土浇筑方法进行封底；若渗水量大于上述规定，宜采用水下混凝土进行封底。

沉井封底时，若井内可以排水，则按一般混凝土施工；若不能排水，则采用导管法灌注水下混凝土。

用刚性导管法进行水下混凝土封底时，应满足如下要求：①混凝土材料可参照钻孔灌注桩水下混凝土的有关规定，混凝土的坍落度宜为 150 ~ 200 mm。②灌注封底水下混凝土时，需要的导管间隔及根数应根据导管作用半径及封底面积确定。③用多根导管进行灌注的顺序应进行设计，防止产生混凝土夹层。若同时浇筑，当基底不平时，应逐步使混凝土保持大致相同的高程。④每根导管开始灌注时所用的混凝土坍落度宜采用下限，首批混凝土的需要量应通过计算确定。⑤在灌注过程中，导管应随混凝土面的升高而徐徐提升。⑥在灌注过程中，应根据混凝土的堆高和扩展情况正确调整坍落度和导管埋深，使每盘混凝土灌注后形成适宜的堆高和不大于1∶5的流动坡度。抽拔导管时应严格保证导管不进水。混凝土面的最终灌注高度应比设计值高出至少150 mm。待灌注混凝土强度达到设计要求后，再抽水凿除表面松弱层。

此外，沉井封底时，若为水下压浆混凝土，应按设计要求施工。

第四节　桥梁墩台及盖梁施工

一、桥梁墩台施工

墩台是桥梁的下部结构，支承着桥梁上部结构的荷载，并将它传给地基基础。桥梁墩台应具有足够的强度和稳定性，能够避免在荷载作用下产生过大位移和转动。因此，桥梁墩台施工是桥梁下部结构施工中的重要组成部分，其施工质量的优劣，不仅关系到桥梁上部结构的制作与安装质量，而且对桥梁的使用功能也有重大影响。

（一）双圆柱墩施工

双圆柱墩常采用就地现浇法施工，墩钢筋在加工场集中加工、现场绑扎，模板采用大块定型钢模板现场拼装、风缆与脚手架配合固定，搅拌站集中拌制混凝土，混凝土罐车运输至现场，吊车、串筒与料斗或泵车与串筒配合浇筑混凝土入模，人工振捣，混凝土浇筑7 d后拆模，用无纺布覆盖，并洒水养护。

高度小于12 m墩混凝土可采用一次浇筑。墩身高度大于12 m时，采取翻模法分节浇筑施工，第一节段浇筑12 m，其后根据现场施工条件分节段浇筑施工，注意在墩系梁底高程处必须进行分节，以便施工墩系梁。

墩柱高度在30 m以下时，采用汽车吊辅助施工；墩柱高度为30～50 m且墩数多时，采用塔吊辅助施工，仅个别墩高时或个别墩柱由于地形限制时采用井字架与卷扬机辅助施工，采取一级泵输送混凝土施工；桥墩高度大于 50 m 时采用塔吊辅助施工，采取一级泵输送混凝土施工。墩周边搭设施工脚手架或施工电梯作为施工上下通道。

1. 桩顶浮浆凿除施工

墩柱施工前要对桩基桩头进行处理，对墩柱轮廓线范围内的桩顶面（承台顶面）混凝土全部凿毛（包括钢筋保护层范围内）。待桩混凝土强度不小于 10 MPa 时，采用人工手持风镐凿除桩顶（承台顶）的浮浆。经过凿毛处理后的混凝土表面，用压力水冲洗干净，使表面保持湿润但不积水。浇筑墩柱混凝土时，按照规范要求铺一层 1 ~ 2 cm 厚的 1∶2 同等级水泥砂浆。有系梁的桩直接在桩系梁顶准备墩柱施工。

2. 测量放样

墩柱测量放样前组织进行图纸交底，详细对墩柱所在的曲线要素、高程位置、分次浇筑高度进行交底。测量数据应经过不少于 2 人次的复核计算，在复核无误后由测量组在桩基上放出墩柱中心十字线，然后利用十字线控制桩点，根据十字交叉法定出墩柱模板位置的控制线，弹出墨线。

3. 施工脚手架搭设

采用钢管脚手架在墩柱周边搭设施工作业平台脚手架，钢管脚手架的基础必须进行平整、夯实，立杆及横杆间距要经过设计计算确定，脚手架的搭设严格按有关规定及标准执行，确保脚手架刚度及稳定性，并设置安全网。

为便于施工人员上下操作，搭设"之"字形斜道。斜道附着外脚手架设置，宽度不小于 1 m，坡度采用 1∶3；拐弯处设置平台，其宽度不小于斜道宽度；斜道两侧及平台外围均设置栏杆及挡脚板，栏杆高度为 1.2 m，挡脚板高度为 200 mm，并用合格的密目式安全网封闭。

4. 钢筋制作与安装

钢筋采用钢筋成型机集中制作。钢筋、机械连接器、焊条等的品种、规格和技术性能符合国家现行标准规定和设计要求。受力钢筋同一截面的接头数量、搭接长度、焊接和机械接头质量符合施工技术规范要求。

5. 模板安装与支撑

模板应根据设计图纸的尺寸，统一在预制厂家订购，并根据实际需要配置一定数量、不同长度的模板。每节采用两块模板围成。拼缝处采用螺栓固定，横竖向法兰螺栓均要拧紧，保证模板的整体性，使模板在吊装过程中不变形。

模板的安装与拆卸均由吊车完成，在正式安装前需在现场进行试拼工作。拼装前要仔细检查模板的规格型号、平整度和光洁度，并涂刷脱模剂，不符合要求的模板不能使用。

模板在现场预拼检验合格后进行整体吊装、安装，模板安装前需检验模板底口地面平整度满足要求，并对第一层模板进行抄平。

墩柱模板安装时重点控制模板的平面位置、高程、倾斜度及错台。平面位置采用全站仪或 GPS 进行定位；墩柱高程定位采用检定过的钢尺进行，先用悬挂钢尺水准测量的方法测定，再以控制网为基准，用三角高程间接法，对墩身标高进行复核；倾斜度用经纬仪精确控制，浇筑混凝土前进行校核；模板安装时，节面之间设置一道泡沫双面胶条，防止浇筑施工中浆液串漏，保证模板错台小于 1.0 mm。

模板拼装完成后，安装 4 根钢丝绳作为缆风绳，上端拉住模板，下端固定在地面上的预埋钢筋桩上，然后利用全站仪进行复测。在测量组的指挥下，调节缆风绳上的松紧螺栓使模板垂直，最后用脚手架钢管撑紧模板，以保证稳定。

6. 混凝土浇筑

混凝土应采用搅拌站集中拌制，混凝土运输车运送至施工现场，使用汽车泵泵送入模或卸料至料斗，通过吊车吊起经串筒滑落入模，插入式振捣器人工插捣密实。

混凝土应严格控制施工配合比、坍落度。混凝土浇筑方式为水平分层浇筑，每层厚度不超过 300 mm，每层混凝土在前一层混凝土初凝前浇筑和振捣，以防损害先浇的混凝土，同时避免两层混凝土表面间脱开，形成明显接缝。振动棒移动距离不大于 20 cm，且插入下层混凝土内 5 ~ 10 cm。浇筑时先沿钢筋笼周围仔细振捣，直至混凝土停止下沉，不再冒出气泡，表面平坦、泛浆为止，使砂浆紧靠模板以使表面光滑，无水囊、砂眼或蜂窝。振捣中振捣器与模板间保持 5 ～ 10 cm 的距离，并避免与钢筋接触。

在混凝土浇筑过程中，实行"三定"，即定人、定位、定机具，并设专人对模板垂直度、平面位置、模板接缝等进行观察，发现问题及时进行处理。浇筑过程中注意防雨。浇筑到墩顶时，在墩身上预留盖梁施工措施。

7. 拆模、养护

当混凝土终凝以后，开始洒水养护，每天由专人利用高压喷水对墩柱进行喷水养护，每天养护次数根据天气及气温情况确定，以保证墩柱处于湿润状态为准。

拆除模板时的强度按浇筑混凝土时同期制作的试件做抗压试验确定。利用汽车吊拆除模板，拆除过程中尽量少用人工撬动。

模板拆除以后，可在墩顶设置养护桶，确保混凝土表面长时间内保持潮湿，并用薄膜覆盖养生，养生期不少于 7 d。

（二）空心墩施工

1. 空心墩构造

空心墩相比实体墩具有节省材料、刚度大、减轻结构自重及减小地震惯性力等优点，所以在桥梁建设中得到了广泛应用。

2. 施工措施

第一，墩身外侧模板宜选用大块钢模板，内侧采用定型钢模板。加工时，派专业工程师在加工厂家进行全过程跟踪，保证面板平整度、接缝、尺寸误差达到质量要求。对于收坡高墩，且同类型桥墩数量较多的，应采用大块成套钢模，分段支立、浇筑，在不同墩位间倒用。

第二，混凝土浇筑分三阶段进行，墩底实体段、墩身空心薄壁、墩顶部实体段。混凝土宜采用集中拌和生产，混凝土运输车运输，泵送入模。

第三，墩身下实体段、空心段、上实体段混凝土施工时，特别注意实体段与空心墩身连接处的混凝土质量和外观。特别在实体段，由于一次浇筑混凝土体积过大，采取大体积混凝土施工能够保证降低水化产生的热量。

第四，空心段宜分节施工，且结合高墩施工措施。

（三）高墩施工

桥墩施工分为一般桥墩施工和高墩施工。一般桥墩高度不大于20 m，墩身施工可采用一次性支模浇筑，工艺简单、操作方便。墩身高度大于20 m 为高墩施工，高墩施工中墩身模板选型、墩身线形控制、混凝土浇筑为施工控制重点。根据墩身模板不同，常规的高墩施工方法有翻模法、爬模法及滑模法 3 种。由于滑模法施工质量难以控制，近年来一些施工单位在滑模法的基础上改进形成辊模法以代替滑模法。

1. 高墩翻模施工

翻模施工法是将一段混凝土塔柱的模板分为 3 节，每节高度为 1 ~ 3 m，在浇筑完混凝土后，上一节模板保留不动，利用已浇筑成型的钢筋混凝土为支撑主体，内、外模板通过拉杆与混凝土实现密贴，由下层模板与混凝土之间的黏结力和摩擦力支撑上层模板及操作平台。随着墩身钢筋骨架的接高，通过起重设备逐节向上翻升模板，完成每次预定高度的墩身混凝土浇筑，如此反复循环直至墩顶。

（1）翻模系统的组成

翻模系统是由 3 节段大块组合模板及支架、内外工作平台、塔式起重机、手动葫芦组合而成的成套模具。

（2）翻模施工要点

模板设计：①模板分节。模板的总节段量根据模板设计高度，从墩顶往下排，不足整节模板高度者称为调整节，调整节模板必须单做。空心墩翻模施工工艺采用的模板均为钢模板，外模由大块平模和调整坡比的角模组成，内模板由小块定型钢模和调整坡比的角模组成。内外模加固，采用内撑外拉加固方式，配备起重设备进行起吊翻升模板。②外模设计。采用大模板设计，根据墩身高度、墩身断面尺寸、起重设备的起吊能力、运输设备，以及施工高度综合考虑来确定，一般高度取每节 2 ~ 3 m，宽度可根现场实际情况确定。从节约成本、加快施工进度方面考虑，每个空心墩一般采用 2 ~ 3 节模板，每次向上翻升 1 ~ 2 节，保留一节作为接头模。总节段数量要综合考虑墩的数量和墩的截面形式。节段模板角模编号自墩顶向下，按节段顺序依次编号，以便于模板设计、加工和安装。同时，模板设计中也可以考虑其他结构物的尺寸，以便模板多次利用。③内模设计。除少量异形内模可采用木模外，其余模板均采用定型钢模板，模板加固采用带可调丝杠的钢管作为内支撑杆。内模设计时，为了方便脱模，在竖向倒角连接处一侧设计成锐角。④操作平台和安全设施。采用桁片结构做施工平台，并作为模板加固的背杠，增强模板刚度。平台设计时根据所承受小型机具、周转材料和操作人员的重量进行设计，在桁片上安装竖向钢管作为栏杆立柱，加横杠两道，并挂设安全网做防护，平台上焊花纹钢板。内、外竖向设挂梯，方便作业人员上下通行。在设计内、外模板和其他受力构件时，均需进行强度、刚度和稳定性检算，使其符合 JTG/T 3650—2020 中模板、支架和拱架设计的相关要求。

模板加工：①加工标准。按照设计的模板加工图和《钢结构工程施工及验收标准》（GB 50205—2020）进行内、外模板加工。②质量验收。在厂家或施工现场进行自由状态下预拼装，根据设计图纸和规范进行验收。检查模板的长、宽、高，螺栓孔直径，大面平整度，接缝错台（含节间接缝），焊接质量等，检查合格后，对角模进行编号和坡比标注，编号由墩顶向下按顺序进行。③运输存放。根据模板的长度、宽度和重量选用车辆；模板在运输车上的支点、两端伸出长度及绑扎和安装方法均须保证模板不变形、不损伤涂层。模板存放场地应平整坚实、无积水。按照规格、型号、安装顺序分区存放；模板底层垫枕须有足够的支撑面，防止支点下沉。相同型号的模板垫放时，各层的支点在同一垂直线上，防止模板被压坏或变形。

模板安装：采取先安装外模，再安装内模的施工顺序。内撑外拉、借助螺栓锁紧，防止浇筑混凝土过程中模板出现移位、漏浆现象。钢筋拉杆采用 PVC 管做套管，以使拉杆可反复使用。墩身模板的校正采用千斤顶、木楔和内拉配合使用。即墩底层模板校正时，在承台上用千斤顶在模板偏的一侧将模板顶高校正即可（千斤顶的力作用于模板围檩上）；从第二节向上，模板校正与第一节相同，只是千斤顶均在模板围檩上操作。

模板拆除、翻升、修整、涂刷脱模剂：每节段混凝土浇筑完成后，向上接长钢筋，待钢筋安装好以后，进行模板拆除、翻升、修整、涂刷脱模剂，顺序为先外后内、先下后上逐块逐节进行。具体程序如下：①清理干净操作平台上的机、具、料，然后预松拉杆，拆除相邻模板之间的连接。②起吊扣件锁紧后，将模板吊至地面并支垫。③用刮平刀或手持打磨机清理模板面板残留的混凝土，注意不要把模板面刮伤。若肋边发生翘曲、弯折、板面发生变形时，需进行矫正平直，在开焊处补焊牢固，并将面板清理干净。④在模板表面均匀涂刷同一品种的脱模剂。⑤提升并安装模板。

2. 高墩自爬模施工

自爬模施工采用一套模板，在完成第一层混凝土浇筑的同时完成导轨和支架预埋系统，通过液压油缸对导轨和爬架交替顶升来实现爬模墩柱混凝土施工。

支架、模板及施工荷载全部由预埋件承担，不需另搭脚手架，适于高空作业；模板部分可整体后移 650 mm；模板可利用锚固装置使其与混凝土贴紧，防止漏浆及错台；相对支撑架部分，模板部分可进行上、下、左、右的调节，使用灵活；利用斜撑模板可前后倾斜，最大角度为 30°；各连接件标准化程度高，通用性强；模板上设吊平台，可用于埋件的拆除及混凝土处理；支架设有斜撑，可方便调整模板的垂直度。

（1）爬模的结构组成

爬模由支架系统、固定系统、模板系统 3 部分组成。

支架系统：由三脚架、操作平台、吊平台和内支架组成。吊平台可用于周转的预埋件和修饰需处理的混凝土面。操作平台和吊平台四周均设置栏杆和防护网。

固定系统：模板、支架及施工荷载全部由预埋件和锚固装置承担，模板倾斜度由可调斜撑控制。

模板系统：墩身外模采用工字木梁模板，由 20 mm 厚胶合板作为面板，20 号工字木梁作为竖肋，两根 14 号槽钢靠背组合作为横肋和 M20 高强螺栓组成。

（2）爬模施工关键工序

墩身首节段模板安装、锚锥埋设、测量放线：安装前清理模板，以无污痕为标准，刷脱模剂。模板采用塔吊安装，首先进行墩底实心段模板安装，安装模板时现场技术员必须严格控制墩底中线、水平。预埋件埋设正确与否，对能否成功安装爬模至关重要。在锚锥与高强螺杆连接处，应涂抹黄油；在锚锥表面处均匀涂抹黄油，便于埋件拆除。预埋件固定在模板上，通过安装螺栓，将埋件固定在模板上，待墩身第一节段混凝土浇筑完后，取出安装螺杆，埋件仍留在墩身内。为避免预埋件与墩身钢筋发生冲突，在绑扎墩身钢筋时，应考虑墩身钢筋的位置，以避开预埋件。待模板安装完后，由精测队精确放出结构外轮廓线，确保墩身位置的准确性。

浇筑第一节段混凝土：混凝土采用自动计量拌和站生产，输送车运输，泵送入模。浇筑前，对支架、模板、钢筋和预埋件进行检查，清理干净模板内的杂物、积水和钢筋上的污垢；模板缝隙填塞严密，模板内面涂刷脱模剂；检查混凝土的均匀性和坍落度；混凝土分层浇筑厚度不超过 30 cm；采用振捣器振动捣实。混凝土浇筑连续进行，若因故必须间断时，其间断时间应小于前层混凝土的初凝时间，允许间断时间经试验确定。若超过允许间断时间，按工作缝处理。

墩身第二节段施工：待墩身第一节段混凝土达到一定强度后拆除模板，用塔吊起吊爬架，并将爬架安装在相应的预埋件上。爬架安装好后，首先安装墩身横桥向的 8 块模板，然后安装顺桥向的模板。模板、平台和三脚架在平地进行预拼检查，起吊前通过后移装置将模板后移 30 cm，然后用塔吊起吊模板，人工配合安装。模板主要依靠预埋螺栓和三脚架支撑定位。模板安装就位后，先调整墩身横桥向模板，然后调整顺桥向模板。操作工人站在平台上通过后移装置和斜撑一起调节模板至紧贴已浇筑混凝土面，通过锚固装置将模板下沿与上次浇筑完的混凝土结构表面顶紧，确保不漏浆、不错台。侧模的坡度通过上口宽度调节，每一标准节段浇筑 4.5 m，上口混凝土顶面每侧各缩减 37.5 cm，调节时主要依靠斜撑上的螺栓控制。外模安装完毕后，开始内模拼装，边角和倒角位置尺寸准确。主筋采用直螺纹连接，钢筋绑扎完毕后，内、外模之间采用对拉螺杆加固，对拉螺杆外套一根 PVC 管，以便于拆除。模板安装完并初校后，经测量人员校核调整无误方可进行混凝土浇筑。由于墩身底有一节 6 m 高的实心段，第二节段实心段和空心段一次性浇筑，先浇筑实心段，一般间隔 3 ~ 4 h，待实心段混凝土有一定的强度后，再进行空心段浇筑，从而不必支设实心段顶部模板。由于每节段浇筑高度为 4.5 m，混凝土由泵送入模，通过串筒浇筑，以免混凝土离析散落。为保证墩身模板受力均衡，混凝土分层下料振捣，分层厚度不大于 30 cm，振捣棒与模板保持 5 ~ 10 cm 的距离。

后续墩身节段施工：在支架下安装吊平台，利用吊平台，方便拆除可周转的埋件，修饰混凝土的缺陷。根据规范要求，混凝土达到一定强度后即可拆模，拆模时要求不能猛烈敲打和强扭，以免损伤混凝土表面和棱角。拆模后将模板整体后移 65 cm，利用塔吊吊住模板及支架，拆除支架与预埋件的连接件，塔吊缓缓提升模板及支架至下一位置就位，通过预埋件和连接件安装好支架，同时在空心段相应位置预留直径 20 cm 通气孔，用 U 形或井字形钢筋牢固定位在主筋上。如此循环，直至将全部模板及支架提升到位。

（3）爬模施工注意事项

第一，爬模组装属高空作业，不得安排交叉作业。

第二，模板必须严格按照墩身尺寸拼组，各模板搭接密贴，内外大模板对称分布，保持上缘平齐，拉杆所套的 PVC 管应长短适宜，以便拔出模板拉杆。

第三，为了确保每个桥墩内实外美和上下颜色一致，在施工准备时应充分考虑桥墩的施工时间，以及每个桥墩应用同一批号水泥。

第四，爬模施工时预埋件很多，应确保不漏不错，位置正确。

3. 高墩辊模施工

辊模施工是结合翻模及滑模两种施工方法优点的高墩施工新工艺，应用于跨峡谷及河流高墩施工中，充分利用翻模施工质量好、滑模施工快的特点。外框架与混凝土面直接摩擦滑动是造成混凝土表面质量差的主要原因，故改为外模板与内衬模板相对滑动，内衬模板与混凝土表面则为静止接触。首先在外模板内逐节安装内衬模板，浇筑混凝土达到一定高度后外模板滑升，再拆除和安装内衬模板，达到内衬模板逐节翻升的目的。

（1）辊模系统组成

辊模系统包括提升系统、外框架、内衬模及辅助工作平台，其中辊是工艺核心，在支撑内衬模的同时兼作外框架的行走轮。随着混凝土的浇筑，外框架间歇上升，内衬模保持静止且不扰动混凝土，待混凝土满足拆模条件后，工人在辅助平台上将内衬模按翻模工艺循环施工。

（2）辊模施工工序操作要点

承台施工预埋钢管立柱：承台混凝土浇筑前，应将4根钢管立柱预埋至承台内，并用钢筋定位和加固，确保混凝土浇筑过程中钢管位置不动。由测量放样定位墩柱四角，根据四角位置用尺定位钢管预埋位置，预埋位置应根据墩柱钢筋位置确定，以不影响主筋安装及千斤顶滑升为主。

安装墩柱钢筋：墩柱主钢筋下料长度可按4.5 m或6 m制作，并制作主筋定位装置，可用角钢割槽作为定位器，安装在主筋最上端。第一模主筋安装完成后，安装箍筋，安装高度为1.3 m左右，以不影响千斤顶位置为依据。

测量放样及定位：测量放样前，对施工图提供的导线点、水准点进行复测，对桩位坐标进行复核。测量放样所使用的导线点、水准点必须是经过导线控制测量复测且得到监理工程师批复的导线点、水准点复测成果。必要时要加密控制网，加密点同导线点一起复核测量，复核测量符合规范要求后方可使用。根据批复的测量成果，将墩柱外边线放样并用彩油定位，作为辊模外框架安放的定位点。

安装辊模系统：辊模系统由厂家统一定制，外框架精度应按照墩柱尺寸达到±5 mm以内。根据测量放样定位成果，安装外框架；4个外框架由高强螺栓连接；安装液压系统；安装上框架；安装第一层内衬模。

辊模系统安装前，用砂浆对承台顶面进行找平。辊模系统安装完成后，通过液压装置对辊模顶面进行调平，调平后用砂浆在辊模底面找平。

第一次混凝土浇筑：第一次浇筑0.9 m，作为整个框架系统支撑，预留0.1 m进行第二级内衬模板安装。混凝土浇筑过程中应安排专人观测模板支撑系统安全状况，一旦发现异常，立刻停止混凝土浇筑，并立刻通知项目总工程师等技术人员到场分析原因。混凝土浇筑完成后应进行凿毛，并进行测量复测，确认墩柱位置正确无误。在外框架四周吊铅锤，作为垂直度控制装置。

第一次外框架提升：第一次提升行程为 70 cm，提升应在混凝土浇筑 12 h 后进行。千斤顶提升过程中应观测内衬模是否有松动和滑移现象，一旦发现应立即停止滑升，然后手动找平，并分析滑移原因，解决后方可继续滑升。千斤顶提升过程中应观察压力表压力值是否在范围内，若超过规定值，应立即停止滑升并检修液压系统和模架系统。在解决问题后方可继续滑升，但必须确保 4 个压力表压力值处于规定范围内。辊模滑升 0.7 m 后进行调平，检查滚动圆管与内衬模板之间是否有混凝土渣或水泥浆，若有应及时进行清除。

安装第二层内衬模：第二层内衬模与第一层内衬模之间应用膨胀剂密封，防止漏浆，应在内衬模四角焊接定位钢筋，以防止内衬模滑移和松动。

第二次混凝土浇筑：从第二次混凝土浇筑开始进行连续施工，一般应在 3～5 d 内（墩柱施工高度在 12～20 m）停止施工，以进行液压系统、模架系统检修、维护。混凝土浇筑完成后，应测量浮浆厚度，厚度超过 5 cm 应立即通知试验室调整配合比，尽量降低浮浆厚度。

第二次外框架提升：提升高度 15 cm，提升后立即进行钢筋绑扎，钢筋绑扎完成后立即进行第三次混凝土浇筑。

第三次外框架提升：提升后立即进行钢筋绑扎，钢筋绑扎完成后立即进行第四次混凝土浇筑。

第四次外框架提升：提升后立即进行钢筋绑扎。第四次外框架提升完成后，应安排专人拆除、清理第一层内衬模并翻升至操作平台上，同时进行墩柱外表面清理、装饰。往复施工至第六次混凝土浇筑完成。

安装剩余设施：第六次混凝土浇筑完成后，应安装第二层外框架，用于拆除内衬模及墩柱装修，同时安装安全爬梯、物料提升机等设施。上述设施安装完成后，辊模拼装全部完成，进入正常连续施工状态。

混凝土养护：养护采用喷淋养护。在第二层平台下 5 m 位置安装喷淋养生管道，实行 24 h 与墩柱施工同步养生。

（3）辊模施工注意事项

第一，垂直度控制。每天测量进行一次偏位复核和纠正，每次混凝土浇筑前通过铅锤控制垂直度。一旦发现偏位，通过每次提升进行纠正，但每次纠正不得超过 3 cm。

第二，混凝土层与层之间接缝控制。应严格控制混凝土浇筑完成后的浮浆厚度，不得超过 5 cm，每次混凝土浇筑应将振捣棒插入下层混凝土内 10 cm 左右，保证新旧混凝土的连接。

第三，内衬模拆除后应立即用正在浇筑的混凝土浆液对混凝土表面缺陷进行修补，修补 6 h 后方可进行喷淋养生。

第四，浇筑混凝土时务必要注意两层混凝土接缝处的处理，为防止后续上下层间有明显色差，在上层混凝土浇筑前清除下层混凝土上表面浮浆。

第五，浇筑完每层混凝土后立即对提升滚动轮进行检查，并清理滚动轮与树脂模板间的混凝土渣及水泥浆，避免给后续提升造成障碍。

第六，树脂板安装完成后应在模板顶面做限位装置，避免辊模外框架在提升过程中造成模板上移，影响混凝土外观质量。

第七，拆除下层树脂模板时，应严格控制外框架最后一次提升速度，拆模人员应提前就位，避免操作不当造成模板下落。

第八，施工尽可能连续，若遇特殊原因必须停工，在浇筑混凝土后应对混凝土表面做凿毛处理；开工后，应对混凝土表面进行清理，安装模板时若因混凝土收缩产生微小缝隙，应使用玻璃胶或其他黏合材料进行封缝处理。

（四）装配式墩台施工

装配式墩台是将高大的墩台沿垂直方向，按一定模数、水平分成若干构件，在桥址周围的预制场地进行浇筑，通过车船运输至现场，起吊拼装。

装配式墩台的主要特点：墩台构件可采用工厂化预制，实现了基础与墩台柱的平行施工，极大地缩短了建设周期，工厂化预制质量可控，配合大型吊装设备机械化作业，尤其适用于地理环境恶劣、材料紧缺地区桥梁墩台施工，但相对来说，对运输、起重机械设备要求较高。

其施工工序主要为预制构件、安装连接与混凝土填缝。其中拼装接头是关键工序，既要牢固、安全，又要结构简单，便于施工。

1. 墩台预制方案

目前，针对预制墩台施工，主要有两种预制方案，一是预制整体墩身与现浇承台方案，墩身与承台连接采用现浇湿接头连接，该法接头区受力复杂，容易产生开裂；二是承台与墩身整体预制，墩身分段接高，该法需重点解决预制承台与桩基的连接问题。

2. 墩台施工工艺流程

装配式构件施工程序主要有构件预制，构件运输，构件吊装，接缝施工。

构件的工厂化预制和现场的机械化拼装是装配式墩台施工的核心。结构节点的连接质量是工程质量控制的关键。

3. 墩台施工关键工序

（1）墩身预制

根据预制墩身节段的尺寸及重量，合理布置预制场地。预制场地宜靠近施工现场，周围道路畅通，便于出运构件，结合具体条件合理安排以节约用地，尽量减少场地内搬运和减少工序间的干扰。

墩身预制宜采用整体式钢模板，立式预制法施工，其工艺流程为：制作预制台座→钢托架安放→内模安装→墩身钢筋绑扎→墩身外模安装→浇筑墩身混凝土→外模拆除→内模拆除→移至存放区→养护。

（2）墩身运输及吊装

施工时应根据预制构件大小、重量选择合理的吊装设备及运输车辆，运输前应对路线实地勘察并优选运输路线。

运输车装载构件时，支撑保护方案包括构件运输方向、支承点设置、外露钢筋的保护等应专项设计并报送相关单位审批。运输车应缓慢、平稳地起步和行驶，严禁突然加速或紧急制动；运输车接近目的地时应减速徐停。

墩身吊装时，采用专用卡尺及全站仪进行精确控制，减少墩身浇筑及拼装阶段的误差。安装过程中尽量做到一次安装到位，避免发生反复起吊、落钩等动作。其施工流程为：拼接面清理→拼接缝测量→调节垫块找平→充分湿润拼接缝表面→立柱吊装就位→调节设备安放→垂直度、高程测量→调节立柱垂直度→接缝施工。

（3）拼接接缝施工

预制墩台接缝是节段拼装施工的关键，主要原因是接缝会承受较大的力，是更加容易破坏的部位。节段拼装桥墩因构造方式不同，其力学特性和常规现浇桥墩存在差异。按照接缝的构造特点分类，常用的拼装接头形式有承插式、钢筋锚固、焊接、灌浆套筒、后张预应力等，其主要特点见表4-1。在上述连接方式中，钢筋锚固和承插式也称为"湿接缝"，即这两种方式都需要临时支撑，钢筋连接部位需通过后浇混凝土方式连接；灌浆套筒与接缝填料有关，可简称"干接缝"或"胶接缝"。

表4-1　常用的拼装接缝形式

接缝名称	构造特点
承插式	将预制构件插入相应的承台预留孔内，插入长度一般为1.2～1.5倍的构件宽度，底部铺设2 cm砂浆，四周以半干硬混凝土填充，常用于立柱与基础的接头连接
钢筋锚固	构件上预留钢筋形成钢筋骨架，插入另一构件的预留槽内，或将钢筋互相焊接，再灌注半干硬混凝土，多用于立柱与墩帽处的连接
焊接	将预埋在构件中的钢板与另一构件的预埋钢板用电焊连接，外部再用混凝土封闭。这种接头易于调整误差，多用于水平连接构件与立柱的连接
灌浆套筒	预制墩身节段通过灌浆连接套筒连接伸出的钢筋，墩身节段之间采用环氧树脂胶接缝构造
后张预应力	采用预应力钢绞线串联成整体，在构件的拼接段上涂以环氧树脂水泥胶薄层，在其硬化前合拢使拼接面接触密贴，提高结构抗剪能力、整体刚度和不透水性

（4）墩台施工注意事项

第一，墩台柱构件与基础顶面预留的杆形基座应编号，并检查各个墩、台高度和基坐标高是否符合设计要求；基口四周与柱边空隙不得小于2 cm。

第二，墩台柱吊入基杯内就位时，应在纵、横方向测量，使柱身竖直度或倾斜度以及平面位置均符合设计要求；对重量大、细长的墩柱，需用风缆或撑木固定后，方可放吊钩。

第三，墩台柱顶安装盖梁前，应先检查盖梁上预留槽眼位置是否符合设计要求，否则应先修凿。

第四，柱身与盖梁（墩帽）安装完毕并检查符合要求后，可在基杯空隙与盖梁槽眼处浇筑稀砂浆，待其硬化后，撤除楔子、支撑或风缆，再在楔子孔中灌填砂浆。

二、盖梁施工

公路工程桥梁墩身盖梁是桥梁下部结构的重要组成部分，虽然其结构形式较简单，但结构尺寸大、质量重且属于高空构筑物，因此施工工艺要求高、质量控制严、施工风险较大。

（一）支撑体系施工

目前盖梁的施工方法主要分为两类支撑体系，一类是落地支撑体系，它通过临时结构将上部荷载直接传递给地面地基；另一类是悬空支撑体系，它利用已建成的下部构筑物的承载性能，通过上部临时支撑结构将荷载传递给下部的墩柱和桩基。这两类支撑体系根据使用材料不同和利用方法不同，在实际运用中又进行了细分。

1. 落地支撑

落地支撑施工法又称为支架施工法，主要适用于墩身高度较低且有条件搭设满堂式脚手架的施工区域，施工时所有临时设施重量及盖梁重量均由支架传至中系梁或地系梁和地面承受。

2. 悬空支撑

悬空支撑施工法通常适用于墩身较高、地基条件较差或因其他原因难以进行支架法盖梁施工的情况。悬空支撑按照其结构又分为摩擦抱箍桁架支撑、摩擦抱箍钢梁支撑、抗剪钢锭钢梁支撑及墩旁托架。这几种方法在实际施工中均有使用，其中抱箍支撑和抗剪钢锭使用最为广泛。

（1）抱箍法

利用两个半圆形的钢板通过连接板上的螺栓连接在一起并与墩柱密

贴，使之与墩柱之间产生的最大静摩擦力克服临时设施及盖梁的质量。抱箍法是临时荷载及盖梁质量直接传给墩柱，对地基无任何要求；抱箍的安装高度可随墩柱高度变化，不需要额外调节底模高度的垫木或分配梁；抱箍法适应性较强，不论水中岸上、有无系梁，只要是圆形墩柱就可采用；抱箍法不会破坏墩柱外观，而且抱箍法施工时支架不存在非弹变形，不用进行预压；抱箍法节省人力物力的优点也是显而易见的，因此从经济上讲是最合算的悬空支撑方法。

（2）抗剪钢锭法

抗剪钢锭法又称剪力销法，是墩身施工时在墩身内的预留孔洞安设圆钢锭（钢棒），由圆钢锭支撑支架、模板及整个盖梁的重量，待盖梁施工完成后用同等级混凝土填塞圆钢锭预留孔道。这种方法不受墩柱形状的影响，适用范围较广。

（3）墩旁托架法

墩身施工时在墩身内部埋设钢板，其后施工盖梁时在预埋钢板上焊接型钢支架以支撑整个施工荷载。

3. 安装底模

盖梁底模一般采用定型钢模板铺设于底模支架上，底模与横担之间以勾头螺栓连接。施工前用全站仪在支架平台上精确放出盖梁底板尺寸大样。铺设底模时，用水平仪调整底模高程，用木方与横梁之间的木楔调整底模高程直至符合设计要求。待调整完底模中心线和高程后，质检员检查验收，报请监理工程师验收直至合格。

4. 钢筋加工及安装

盖梁底模安装结束经验收合格后，开始进行钢筋安装。盖梁钢筋可采用整体或逐片骨架吊装的方式安装，采用吊车吊运至盖梁底模上。在底模上按常规施工方法绑扎安装成型，与墩柱钢筋以电焊加固，用地锚拉线调整相应位置后固定，松开拉线。

若盖梁顶部设置支座垫石，则需根据横纵中线在钢筋骨架顶面放出支座垫石预埋筋位置及其他附件位置，进行支座垫石钢筋焊接安装。钢筋间距必须符合设计和施工规范的要求，不符合要求的要加以调整直至符合要求。

5. 安装侧模

盖梁侧模一般采用组合钢模板，钢框架加固，上下用拉杆对拉，底板和侧模以"墙包底"的形式连接。模板板面之间应平整、接缝严密、不漏浆，保证结构物外露面美观，线条流畅。模板接缝宜采用泡沫双面胶止浆。

模板支立前在现场涂刷优质脱模剂，用吊车吊运至盖梁位置以人工配合手拉葫芦安装，待侧模支立完毕，通过外框架上下对拉筋固定，用经纬仪及吊锤测量线形及垂直度，用地锚拉线、手动葫芦找正，并同时用水平仪调整顶面高程及支座垫石高程。调正后，应用水冲洗底板，质检员验收，并报监理工程师验收，直至合格。

模板安装完毕后，应对其平面位置、顶部标高、节点联系及纵横向稳定性进行检查，符合要求后方可浇筑混凝土。浇筑混凝土前，模板应涂刷脱模剂，外露面混凝土模板的脱模剂应采用同一品种，不得使用废机油等油料，且不得污染钢筋及混凝土施工缝处。

6. 混凝土浇筑

混凝土宜采用吊车或泵车输送入模，一次连续浇筑完成。罐车到现场后宜先检查混凝土坍落度、和易性是否符合施工要求。

浇筑时分层下料，分层振捣，分层厚度宜为 30 cm。插入式振捣器移动间距不大于振捣棒作用范围的 1.5 倍。一般每点振捣 30 ~ 35 s。振捣时注意钢筋密集及洞口部位，不得出现漏振、欠振或过振。为使上下层混凝土结合成整体，上层混凝土振捣要在下层混凝土初凝前进行并要求振捣棒插入下层混凝土 50 ~ 100 mm。

混凝土浇筑的顺序：从盖梁的两头向中间分层浇筑，振捣器与模板保持 5 ~ 10 cm 的距离，避免振捣器碰到模板。盖梁混凝土浇筑时需制作同条件试块，用作底模拆除时强度的判定依据。

7. 养护及拆模

混凝土外露表面待收浆、初凝后即用塑料薄膜覆盖潮湿养护。当盖梁混凝土抗压强度达到 2.5 MPa 时，可拆除侧模板。拆模时，注意保护盖梁表面及棱角。

混凝土强度达到设计强度 75% 以上时，即可拆除底模板及支架。拆除模板时，采用人工和手拉葫芦的方法；应注意保护盖梁表面和棱角，严禁用撬棍插入模板和混凝土间撬动拆除，以免损坏混凝土表面及崩角。拆模后要及时清除模板上的灰浆污垢，维修整理及保养，妥善存放，防止变形。拆除模板后，要马上用塑料薄膜或土工布包裹潮湿养护，养护时间应不少于 14 d。

参考文献

[1] 陈明葛．公路半刚性基层沥青路面施工关键技术分析 [J]. 交通世界，2023（36）：79-81.

[2] 陈晓裕．路面施工技术 [M]. 北京：北京理工大学出版社，2020.

[3] 戴隆强，骆杨，胡泉辉．道路与桥梁工程施工技术研究 [M]. 北京：中国商务出版社，2023.

[4] 丁雪英，陈强，白炳发．公路桥梁建设与工程项目管理 [M]. 长春：吉林科学技术出版社，2019.

[5] 傅川．公路路面工程基层施工技术问题及优化策略 [J]. 工程建设与设计，2023(22)：182-184.

[6] 高培山，曲元梅，杨万忠．桥涵工程施工 [M]. 成都：西南交通大学出版社，2022.

[7] 关凤林，薛峰，黄啓富．公路桥梁与隧道工程 [M]. 长春：吉林科学技术出版社，2019.

[8] 韩婧，瞿澜绘．桥梁 [M]. 北京：电子工业出版社，2020.

[9] 郝铭．公路工程施工技术与质量控制 [M]. 北京：北京工业大学出版社，2019.

[10] 黄维蓉，熊出华．沥青与沥青混合料 [M]. 北京：人民交通出版社，2020.

[11] 纪文君，田凤丽，冯志卫．道路桥梁工程施工及试验检测技术管理研究 [M]. 哈尔滨：黑龙江科学技术出版社，2022.

[12] 江斗，刘成，熊文斌．道路桥梁和工程建设 [M]，北京：中国石化出版社，2020.

[13] 李冬松．桥梁工程技术 [M]. 北京：人民交通出版社，2019.

[14] 李蔚．公路桥梁施工中高墩施工技术应用要点分析 [J]. 运输经理世界，2023（34）：61-63.

[15] 刘艳会．高速公路桥梁墩台施工技术研究 [J]. 交通世界，2023（32）：166-168.

[16] 罗春德，尹雪云，李文兴．公路桥梁工程施工技术与养护管理 [M]. 长春：吉林科学技术出版社，2022.

[17] 罗国富，宋阳，刘爱萍．公路工程施工与管理 [M]. 长春：吉林科学技术出版社，2022.

[18] 麻文燕，肖念婷，陈永峰．桥梁工程 [M]. 天津：天津科学技术出版社，2019.

[19] 马国峰，刘玉娟.桥梁上部结构施工技术 [M].北京：北京理工大学出版社，2020.

[20] 苗冬.道路桥梁工程技术与建设 [M].北京：北京工业大学出版社，2023.

[21] 莫延英，严莉华，陈光花.路基路面工程技术 [M].北京：北京交通大学出版社，2021.

[22] 任传林，王轶君，薛飞.公路工程施工技术 [M].长春：吉林科学技术出版社，2019.

[23] 时芸.高墩施工技术在公路桥梁工程中的应用 [J].交通世界，2023（32）：172-174.

[24] 宋启宇.道路桥梁设计与施工 [M].北京：中国石化出版社，2020.

[25] 王成军，程雷.道路桥梁设计与施工技术研究 [M].天津：天津科学技术出版社，2021.

[26] 王建波，刘凤云，李艳.道路施工技术与管理研究 [M].北京：北京工业大学出版社，2022.

[27] 王晶，姜琴，李双祥.路桥工程建设与公路施工管理 [M].汕头：汕头大学出版社，2022.

[28] 王修山.道路与桥梁工程概论 [M].北京：机械工业出版社，2020.

[29] 肖光斌，冯丽霞.道路桥梁与隧道施工技术 [M].西安：西安出版社，2019.

[30] 谢勇.探析道路桥梁的路基施工技术及其运用 [J].城市建设理论研究（电子版），2023（32）：102-104.

[31] 姚正鹏.预应力技术在公路桥梁施工中的应用研究 [J].运输经理世界，2023（33）：79-81.

[32] 于洪江，李明樾.道路工程施工技术 [M].重庆：重庆大学出版社，2020.

[33] 余红亮.公路工程施工中关键部位施工技术分析 [J].运输经理世界，2023（31）：20-22.

[34] 俞克雄.道路桥梁工程施工中混凝土施工技术的运用居业 [J].2023（10）：28-30.

[35] 张君瑞，林智，左宝仪.道路桥梁工程技术研究 [M].长春：吉林科学技术出版社，2022.

[36] 张庆勋.桥梁工程与施工管理 [M].长春：吉林科学技术出版社，2020.

[37] 张湘湖，金玉秀.道路桥梁建设与隧道工程 [M].长春：吉林科学技术出版社，2022.

[38] 张志国，邓年春.桥梁施工 [M].北京：机械工业出版社，2022.

[39] 张忠.道路与桥梁工程施工技术 [M].北京：中国建材工业出版社，2019.

[40] 张忠磊，赵伟朝，石洪磊.道路与桥梁设计施工技术 [M].武汉：华中科技大学出版社，2022.

[41] 赵丽荣 . 桥梁下部结构施工技术 [M]. 北京：北京理工大学出版社，2020.

[42] 周玲 . 道路工程 [M]. 西安：西安交通大学出版社，2022.

[43] 朱春燕，王辉，赵宝才 . 道路桥梁工程施工技术研究 [M]. 长春：吉林科学技术出版社，2022.